zu Klampen

CHRISTOPH TÜRCKE (Jg. 1948) lehrt Philosophie an der Gesamthochschule Kassel. Buchveröffentlichungen : *Heilige Hure Vernunft*. Luthers nachhaltiger Zauber (zusammen mit F.-W. Pohl), Lüneburg 1991 (2. Aufl.); *Vermittlung als Gott*. Metaphysische Grillen und theologische Mucken didaktisierter Wissenschaft, Lüneburg 1986; *Gewalt und Tabu*. Philosophische Grenzgänge, Lüneburg 1987; *Der tolle Mensch*. Nietzsche und der Wahnsinn der Vernunft, Frankfurt 1989; *Zum ideologiekritischen Potential der Theologie*. Konsequenzen einer materialistischen Paulus-Interpretation, Lüneburg 1990 (3.Aufl.), *Sexus und Geist*. Philosophie im Geschlechterkampf, Frankfurt am Main 1991; *Kassensturz*. Zur Lage der Theologie, Frankfurt am Main 1992.

Christoph Türcke

Die neue Geschäftigkeit

Zum Ethik- und Geistesbetrieb

zu Klampen

2. Auflage 1992

Postfach 1963, 2120 Lüneburg
Tel.: 04131/4 83 79 Fax: 4 83 36
Druck: difo-druck, Bamberg
Umschlagentwurf: C.–P. von Mansberg

CIP-Einheitsaufnahme der Deutschen Bibliothek:
Türcke, Christoph:
Die neue Geschäftigkeit :
zum Ethik- und Geistesbetrieb / Christoph Türcke.-
2. Aufl. - Lüneburg : zu Klampen, 1992
ISBN 3-924245-14-2

Inhalt

Vorbemerkung

Im Metier von Geisteswissenschaften und Ethik ist Geschäftigkeit nicht neu. Aber sie nimmt jetzt eine bemerkenswert weniger verschämte Form an. Die Offenherzigkeit, mit der sich Geisteswissenschaftler neuerdings Politikern und Wirtschaftsführern als Dienstleistungsgewerbe anbieten, die Selbstverständlichkeit, mit der Ethik-Kommissionen der Ministerialbürokratie für Auftragsforschung zur Verfügung stehen, die Unbefangenheit, mit der Philosophen die Kompensation wirtschaftlich-technischer Modernisierungsschäden als ihre eigenste Aufgabe ausgeben – sie geben den Trend an, und wohin er geht, hat der deutsche Ford-Chef dankenswert deutlich ausgesprochen: »Damit der Markt überhaupt funktionieren kann, braucht er ethische Grundsätze und moralische Überzeugungen.« [1]

Wo Nachfrage ist, ist Sinn. Wo die Wirtschaft selbst nach Geist und Moral ruft, da haben Geisteswissenschaften und Ethik wieder Daseinsberechtigung, weil eine Funktion. Die Feinfühligkeit, die sie für den Ruf der Wirtschaft (auch in seinen zarteren Echos) entwickeln, die Dankbarkeit, mit der sie in eine neue Rolle hineinwachsen – dankbar wie ein Arbeitsloser für den nächstbesten Job – sind untrügliche Anzeichen der neuen Geschäftigkeit. Sie ist das Hauptthema dieses Bandes.

Sie zu kritisieren ist leicht. Zitieren genügt oft. Doch so gut man den bestehenden Verhältnissen auch ihre eigene Melodie vorspielt, sie sind kaum noch zum Tanzen zu bringen. Je offener die Mächte zutage treten, die das gesellschaftliche Leben wirklich bestimmen, desto heftiger das

Sträuben, sie ungeschminkt wahrzunehmen. Das Märchen von des Kaisers neuen Kleidern wird täglich wahrer. Nur fehlt das erlösende Kinderwort. Die Nacktheit des Kaisers naiv auszusprechen, rührt keinen mehr. Die Abwehrmechanismen dagegen sind zu eingeschliffen und gewitzt. Kritik allein kann sie nicht durchbrechen, nur bloßlegen. Aber das bißchen, was sie kann, sollte sie auch auf Schritt und Tritt tun. Zu viel ihres Scharfsinns verpufft, weil sie die wenigen wunden Punkte, wo Geist und Seele noch empfindlich für sie wären, nicht trifft. Die folgenden Texte, kleine Versuche, gut zu zielen, hat der Autor zu einem Band vereinigt in der Hoffnung, daß sie gebündelt etwas tiefer eindringen und ein paar Ausreden mehr abschneiden.

Nachweis

1 D. Goeudevert, zit. n. Der Spiegel, Nr. 7/1989, S.118

Auftragsdenken

Vom Verzicht auf Philosophie in der Wissenschaftsethik

Als Anfang des Jahres 1987 der Staatssekretär im Niedersächsischen Wissenschaftsministerium, Weert Börner, seinen rotarischen Freunden die Lage der Geisteswissenschaften aus der Sicht seiner Behörde erläuterte, konnte er sie beruhigen: Nein, die Geisteswissenschaften sind nicht am Absterben, sie müssen gegenwärtig nur »einen kleineren Teil dessen, was sie in der Hochkonjunktur hinzugewonnen haben, wieder abgeben«. Nach wie vor werden ihre Forschungsprojekte mit Millionenbeträgen gefördert, und obwohl sie in den letzten Jahren deutlich hinter den Naturwissenschaften zurückstehen mußten, sind sie immer noch »die Hauptgewinner in der gewaltigen Hochschulexpansion der letzten zwanzig Jahre«. Nur weil ihr Nutzen »schwer greifbar« ist, sollte man ja nicht denken, es gebe ihn nicht. »Ich möchte behaupten, daß wir heute gerade wegen der schnellen Entwicklungen in den Natur-, Technik- und Biowissenschaften dringend Ergebnisse geisteswissenschaftlicher Reflexion benötigen, um zu verstehen, was die Veränderung der Welt durch die Naturwissenschaften für uns bedeutet.«[1]

Gewährsmann des Staatssekretärs ist Odo Marquard, bis 1987 Präsident der Allgemeinen Gesellschaft für Philosophie in Deutschland: »Die – durch die experimentellen Wissenschaften vorangetriebene – Modernisierung verursacht lebensweltliche Verluste, zu deren Kompensation die Geisteswissenschaften beitragen.«[2] Sie sind unverzichtbar, weil ohne sie »zunehmend der lebensweltliche Bedarf des

Menschen nicht mehr gedeckt wäre, in einer farbigen, vertrauten und sinnvollen Welt zu leben«[3]. So Marquard auf der Westdeutschen Rektorenkonferenz 1986, deren Referenten laut Börner mehrheitlich überzeugt waren, »daß die Geisteswissenschaften eine Zukunft haben«[4]. Daraus erhellt, was Philosophie, die Geisteswissenschaft par excellence, inskünftig soll: deutend, verstehend, sinngebend, mahnend, Naturwissenschaft und Technik auf ihre moralischen Gefahren und Grenzen hinweisend – »lebensweltlichen Bedarf« decken. Für solch gezielte Bedarfsdeckung hat die Bedarfsplanung der Ministerien länger schon und nicht nur in Niedersachsen ein offenes Ohr. Unter den wenigen akademischen Stellen, die in den letzten Jahren für Philosophie ausgeschrieben wurden, haben sich diejenigen für Philosophie der Technik und Ethik der Naturwissenschaften (oder umgekehrt) sprunghaft vermehrt, für die laut Börner der frühere Kultusminister und jetzige Philosophieprofessor Hans Maier die Arbeitsplatzbeschreibung geliefert hat: »Antworten geben können über Sinn, Ziel und Ordnung menschlichen Handelns in einer von Naturwissenschaften und Technik geprägten Welt«.[5]

Das philosophische Problembewußtsein der zuständigen Behörden hat sich also deutlich gehoben – in dem Maße, wie das Problembewußtsein der Philosophen von dem einer Behörde ununterscheidbar geworden ist. Der Konsens über die bedarfsdeckende Rolle der Philosophie, der hier gedeiht und sich in Institutsgründungen, Stellenzuweisungen, Drittmitteln wirkungsvoller ausspricht als in Beiträgen zur Postmoderne-Diskussion, beginnt sich nun auch auf dem Buchmarkt niederzuschlagen. So erscheint derzeit eine philosophische Reihe, die sich einmal als Trendsetter erweisen könnte: *Ethik der Wissenschaften*.[6] Sie dokumentiert die

Kolloquien einer Studiengruppe der Werner-Reimers-Stiftung, die auf der Basis von Marquards Formel »Naturwissenschaften sind 'challenge'«, »Geisteswissenschaften sind 'response'«[7] Neuland erforscht. Marquard gehört denn auch zur »Kerngruppe«, die in der Diskussion mit wechselnden Partnern aus Philosophie und Fachwissenschaft Antworten auf die ethischen Fragen sucht, die die Errungenschaften der Medizin und Genbiologie, das wissenschaftliche Experimentieren mit Menschen und Tieren, Atomenergie und Abschreckungspolitik aufwerfen.

»Frei wäre erst, wer keinen Alternativen sich beugen müßte, und im Bestehenden ist es eine Spur von Freiheit, ihnen sich zu verweigern«, heißt es bei Adorno.[8] Die Weigerung, die er meinte, ist die des Denkens, sich vorab dem Sog von Ja oder Nein, Pro oder Contra zu überlassen, den objektive Zwänge permanent auf die Subjekte ausüben. Nur wo diese Weigerung erfolgt, ist ungegängeltes Denken allenfalls noch möglich. Sie zu unterbinden, gehört zur Arbeitsplatzbeschreibung der neuen Wissenschaftsethik. *Antworten* soll man geben, und wenn man keine parat hat, wenigstens anfangen, welche zu entwickeln. Und schon ist man im Fahrwasser der Alternativen. Da ist zum Beispiel die Genbiologie. Unweigerlich provoziert sie die Frage: Darf man überhaupt in die Erbsubstanz eingreifen? Und wenn ja, nur in die von Pflanzen und Tieren oder auch in die von Menschen? Da soll nun der Philosoph eine ethische Antwort geben. Wird er undifferenziert die ganze Genbiologie verwerfen, nur weil sie mit menschlichen Embryonen im Reagenzglas experimentieren oder tödliche Bakterien erzeugen kann? Nein, er wird darauf verweisen, daß sie auch Insulin produziert, bald vielleicht sogar Erbkrankheiten bekämpft, und zu einem ausgewogenen Urteil kommen: Die Wissenschaft an sich ist jenseits von Gut und Böse, nur ihre Anwendung nicht. Also wird er zum verantwortlichen Umgang mit der Wissenschaft aufrufen: Nicht alles, was technisch machbar ist, darf auch getan werden. Darüber hinaus wird er zugeben, daß die exakte Grenze zwischen Erlaubtem und Verbotenem vorerst strittig ist, was in einer pluralistischen Gesellschaft mit verschiedenen Normen und Werten ja gar nicht anders sein kann, daß man auch nicht genau wisse, wie man hier vorankommen soll, ohne den Pluralismus selbst in Frage zu stellen, daß aber gerade deshalb der Dialog mit den Naturwissenschaftlern unabdingbar sei.

Oder kann etwas anderes herauskommen, wenn die Weichen so gestellt sind? Hans Jonas: Der Mensch kann »zwar ohne das größere Gut, nicht aber mit dem größten Übel leben«, woraus folgt, »daß das heutige Ziel in der Bescheidung der Ziele liegt«[9], was »schon den Entstehungsprozeß technischer Erfindungen beeinflussen sollte«[10]. Mit anderen Worten: Nicht alles tun, was man kann. Hans Lenk: »Es ist in der Spitzenforschung wie im Spitzensport: In beiden Konkurrenzsystemen [...] gibt es die Verführung zur Unfairneß«, weshalb eine »moralische Wächterdisziplin«[11] her muß. Otfried Höffe: »*Erstens* steht es dem Menschen nicht frei, beliebig zu handeln; er darf nicht alles, was er kann. *Zweitens* ist der Mensch aufgefordert, von jenem naturwüchsigen Handeln Abstand zu nehmen, das nur vom Selbstinteresse, der Macht des Stärkeren und sozialen Konventionen bestimmt ist; statt dessen ist er aus sittlicher Perspektive verpflichtet, die Interessen der Mitbetroffenen zu berücksichtigen«[12], was auf Tierversuche angewendet heißt: Sie sind zu minimieren. Odo Marquard: »Zensur der Forschung im Namen der guten Sache«, wie sie jahrhundertelang die Theologie geübt hat, verletzt die Neutralität der Wissenschaft, ihr Recht, »vorbehaltlos neugierig« zu sein und »folgenlos zu irren«[13], daher der ethische Grundsatz »Nicht alles tun, was man kann« auch auf die Wissenschaftsethik selbst anzuwenden ist: Nicht jede Beschränkung, zu der man fähig wäre, ist auch gut für die Wissenschaft. Elisabeth Ströker: Zwar gilt dem »Problempotential einer Ethik der Wissenschaften« bereits »die volle philosophische Aufmerksamkeit«, »ohne daß indessen das allgemeine ethische Instrumentarium schon so weit fortgebildet wäre, daß klar genug entschieden werden könnte, ob der Weg in eine philosophisch wirklich fundierte, durch präzise Grundsätze und Prinzipien zu systematisierende Wissenschaftsethik geht, die dann als 'neue' Ethik würde gelten können: oder ob es sich bei ihr um einen neuen Bezirk der überkommenen philosophischen Ethik handeln wird«[14]. Weshalb also tiefgreifende Diskussionen darüber zu erwarten sind, wie neu die neue Ethik wirklich ist, wie normativ ihr »Man darf nicht alles, was man kann« sein soll, wie das »ethische Instrumentarium« auszusehen hätte, mit dessen Hilfe man von »Prämissen, die allen, den meisten oder den Weisen als wahr erscheinen« (Höffe)[15], zu plausiblen Handlungsanweisungen für den Wissenschaftler im Alltag gelangt. Einige verheißungsvolle Vorschläge – »Warum sollte es nicht eine Art Bundesbeauftragten zur Wahrung der Interessen nachkommender Generationen geben?« (Lenk)[16] »Ethikkommissionen mit legaler Entscheidungskompetenz«, »vom Bundestag einzusetzen und mit moral- und fachkompetenten Mitgliedern entsprechend dem ethischen Pluralismus der Gesellschaft zu besetzen« (Werner Becker)[17] – liegen schon auf dem Tisch.

Dies alles sind Zitate von *Philosophen.* Sie zeigen, wohin der heteronome, vorab auf eine bestimmte Aufgabenstellung verpflichtete philosophische Gedanke tendiert: zum Gemeinplatz, solange er theoretisch bleibt, zur amtlichen Verfügung, sobald er praktisch wird. Er führt zu nichts, was Behörden nicht auch ohne ihn ins Werk setzen könnten, aber er ist der Ausweis dafür, daß man sich Gedanken macht, und zwar ethische. Der wissenschaftlich-technische Fortschritt dringt ja gleichsam selbst auf die Entwicklung eines ihm angemessenen »ethischen Instrumentariums«. Der kategorische Imperativ, der ihm innewohnt, lautet: Reguliere mich so, daß ich jederzeit allen ein Gesetz sein kann. Dies ist die Grundmaxime der Wissenschaftsethik, die schon durch ihre Sprache zu erkennen gibt, daß sie von Wissenschaftsplanung kaum unterschieden ist und jener damit zugleich bescheinigt, selbst fast schon Ethik zu sein. Diesen Nimbus kann sich die Wissenschaftsplanung nicht selber geben; deswegen hat sie von der Wissenschaftsethik eine so hohe Meinung.

Wenn Philosophie die Sache der Verwaltung vertritt, wer vertritt dann die Sache der Philosophie? Bei den Kolloquien der Werner-Reimers-Stiftung vielleicht noch am ehesten die Naturwissenschaftler. Wo Mediziner oder Genbiologen sachkundig und für Laien verständlich aus ihrem Fachgebiet dessen philosophisch-moralische Probleme hervortreiben (z. B. Friedrich Cramer[18], Hermann Hepp[19]), sind die Vorträge sofort spannend und deuten überdies eine Umkehrung an. Der Wissenschaftler, der dem Druck widersteht, sich gefälligst nur um sein Forschungsprojekt und dessen Naturgesetze zu kümmern, der die geistige Kraft aufbringt, auf diese Gesetze zu reflektieren und ihrer metaphysischen und moralischen Implikationen gewahr zu werden – dieser Nichtphilosoph wird zum Statthalter einer philosophischen Besinnung, zu der es durch Überweisung der Probleme zur

Weiterbehandlung an den philosophischen Kollegen – nicht kommt. In dem zur Selbstreflexion fähigen und bereiten Naturwissenschaftler blitzt etwas von der konkreten Verantwortung auf, die erstickt wird, sobald Berufsethiker Kriterienkataloge für sie entwickeln.

Daß in der Etablierung einer Wissenschaftsethik sich das Staatsinteresse bekundet, die Menschen auf die Unabänderlichkeit des gegebenen wissenschaftlich-technischen Fortschritts einzuschwören und ihn durch Normen und höhere Sinngebung schmackhaft zu machen, ist überdeutlich. Das Vertrackte nur, daß ausgerechnet dabei die Philosophie zugleich beim Point d'honneur gepackt wird: etwas Sachhaltiges auszusagen. Es ist ja nicht so, daß Atombomben oder Retortenbabies sie nichts angingen, daß sie darüber zur Tagesordnung der soundsovielten Ausdeutung Platons bis Nietzsches übergehen könnte. Philosophie, die nichts ist als Exeget ihrer eigenen Geschichte, die nichts tut, als über Philosophie philosophieren, drischt ihre eigenen Begriffe zu Phrasen. Der lebendige philosophische Gedanke ist nicht autark; er entzündet sich an Nichtphilosophischem: den Problemen, die sich allen denkenden Zeitgenossen aufdrängen. Seine Unabhängigkeit ist relativ – verwiesen auf die Realität, von der sie sich ernährt. Und das heißt in diesem Fall: Von den Problemen, die Naturwissenschaft und Technik aufwerfen, kann er nur um den Preis seiner eigenen Sachhaltigkeit absehen. Er hat sich sehr wohl an ihnen zu entfalten – aber dabei seine eigenen Wege zu gehen. Und die führen ihn womöglich, wohin das Staatsinteresse nicht will: zu scheinbar entlegenen Fragen, die den Problemen aber nähertreten als höherenorts je beabsichtigt war.

Wie steht es eigentlich um den Nominalismus, jene philosophische Richtung, die im 14. Jahrhundert als kritisches, fortgeschrittenstes Bewußtsein auftrumpfen konnte, weil sie die Begriffe in den menschlichen Köpfen nicht länger mittelalterlich interpretierte als geistigen Ausdruck des inneren, von Gott gefügten Wesens der Dinge, sondern nüchtern-modern als bloße *nomina*, Namen, in denen sich die Subjekte die *an sich* unstrukturierte Welt wie in Sammelordnern zurechtlegen? Ist es nicht zutiefst nominalistisch, die Welt als eine an sich gott- und gestaltlose Masse, *res extensa*, aufzufassen, die alle Gestalt und allen Sinn erst durch die sie ordnenden Subjekte empfängt? Liegt hier nicht aber die Wurzel für den neuzeitlichen Begriff des Objekts als einem an sich wesenlosen, gleichgültigen, austauschbaren Ding, das nichts ist, als was aus ihm gemacht wird? Und ist nicht der Inbegriff dieses Objekts die Ware? Ist nicht der potentielle Warencharakter aller Dinge die geheime Voraussetzung dafür, daß die Natur systematisch auf den Seziertisch geriet? Ist es nicht die nominalistische Stellung des Gedankens zur Objektivität, die den Gesellschaftsprozeß zur allgemeinen Warenzirkulation bestimmt hat, der nur Bestand vergönnt ist, sofern sie sich ständig ausweitet und wissenschaftlichen Fortschritt nur im Rahmen ihres eigenen Expansionszwangs gedeihen läßt? Die sich umgekehrt durch diesen Gang der Dinge so in den Köpfen befestigt hat, als wäre sie Natur und es daher auch als nur natürlich erscheinen läßt, daß man die Nützlichkeit von Forschungsergebnissen an ihrem potentiellen Erfolg als Waren bemißt? Die den stattfindenden wissenschaftlichen Fortschritt ebenso wie das Ware-Sein der Arbeitskraft für moralisch neutral hält und gut und böse erst auftreten sieht, wo es um deren Anwendung geht?

Das ist nur eine kleine Auswahl der Fragen, die von der Wissenschaftsethik gar nicht erst gestellt werden. Sie scheiden aus der Diskussion ebenso systematisch aus wie gewisse Autoren. Jener »Technikphilosoph«, der diesen Namen, wenn überhaupt einer, am ehesten verdient, weil er bereits Mitte des letzten Jahrhunderts sehr genau darstellte, in welcher Weise, unter welchen gesellschaftlichen Bedingungen und zu welchen moralischen Gestehungskosten die Entfesselung der »Maschinerie und großen Industrie« stattgefunden hat, die bis heute das beharrliche Fundament des rapiden Fortschritts ist – er findet allenfalls Erwähnung, wenn vor falschen Utopien, vor moralischer Überforderung oder den Mißständen im Ostblock gewarnt wird: Karl Marx. Und derjenige, der Mitte dieses Jahrhunderts, als noch kein Mensch von Wissenschaftsethik redete, die politischen und moralischen Voraussetzungen und Konsequenzen der Atombombe schonungslos offenlegte, wird mit vollendeter Diskretion behandelt: Günther Anders.

Es ist klar, warum: Philosophie soll nicht auf die materiellen und geistigen Bedingungen reflektieren, die den Fortschritt zur Atombombe und Genmanipulation möglich machten, sondern sagen, wie man jetzt mit ihm fertig wird. Sie soll ihn als Sachzwang hinnehmen – und sachhaltig auf ihn antworten. Und genau solche Vorgaben verträgt der philosophische Gedanke nicht. Beim Bemühen, auf der Stelle konkret zu werden, entleert er sich in Gemeinplätze über Verantwortung gestern und heute oder in potentielle Ministerialerlasse und gibt zu erkennen: Auf Kommando sachhaltig werden ist eben nicht seine Sache. Die hat Lessing schlagend formuliert: »Es ist nicht wahr, daß die kürzeste Linie immer die gerade ist.«[20] Gemünzt war dieser Satz eigentlich auf die Geschichte, die schon damals nicht danach aussah, als laufe sie geradlinig auf Sittlichkeit und Glück der Menschheit hinaus. Dennoch ist für Lessing nicht ausgemacht, ob sie nicht auf ihre Weise – genau dies tue; denn Vernunft und Moral entwickeln sich nicht nach geometrischen Gesetzen – stromlinienförmig. Lessings Hoffnung richtet sich auf die Kraft der Reflexion und die Unverfügbarkeit ihrer Verfahrensweise, darauf, daß die Umwege, die sie einschlägt, sich einmal als der Weg ihrer stetigen Vervollkommnung erweisen möchten. Solche Hoffnung ist heute aufs äußerste strapaziert und doch nicht ganz auszurotten. Der philosophische Gedanke kann ohne sie nicht sein. Er drückt sie nicht aus im Entwerfen rosiger Zukunft, sondern in der Unfähigkeit, sich bei irgendeinem Sachzwang zu beruhigen: schon gar nicht beim scheinbaren, zu dem Wissenschaft, Technik und Politik sich in der modernen, warenproduzierenden Gesellschaft zusammengezogen haben, aber auch nicht beim wirklich unabänderlichen, den Vergänglichkeit und Tod darstellen. In seiner Eigenart, nur sachhaltig zu sein, wo er ungegängelt Umwege gehen darf und nicht sogleich mit Ja oder Nein Auskunft geben muß, ist er selber die Miniatur jener emphatischen Freiheit, deren volle Verwirklichung ihn einzig zur Ruhe brächte.

»Ernsthafte Philosophie geht zu Ende«, sagte Max Horkheimer[21]. »Die Geisteswissenschaften haben große Chancen«, sagt Staatssekretär Börner[22]. Beide widersprechen einander nicht. Die Geisteswissenschaft, die der eine meint, wird ungehindert erblühen, wenn die Philosophie, von der der andere sprach, nicht mehr ist.

Nachweise und Anmerkungen

1 W. Börner, Die Lage der Natur– und Geisteswissenschaften an unseren Universitäten, Vortrag vor dem Rotary–Club Hameln am 6.1.1987, Protokoll
2 O. Marquard, Die Unvermeidlichkeit der Geisteswissenschaften, in: ders., Apologie des Zufälligen, Stuttgart 1986, S. 102 f.
3 O. Marquard, a. a. O., S. 104
4 W. Börner, a. a. O.
5 Ebd.
6 Die Reihe *Ethik der Wissenschaften* wird herausgegeben von Hans Lenk, Hansjürgen Staudinger, Elisabeth Ströker und erscheint bei Fink/Schöningh (München/Paderborn). Von den bisher vorliegenden sechs Bänden finden hier Erwähnung: *Ethik der Wissenschaften? Philosophische Fragen* (Bd. 1, 1984); *Humane Experimente? Genbiologie und Psychologie* (Bd. 3, 1985); *Anfang und Ende des menschlichen Lebens. Medizinethische Probleme* (Bd. 4, 1987).
7 O. Marquard, a. a. O., S. 101
8 Th. W. Adorno, Negative Dialektik, Gesammelte Schriften, Bd. 6, Frankfurt 1973, S. 225
9 Ethik der Wissenschaften, Bd. 1, a. a. O., S. 84
10 A. a. O., S. 86
11 A. a. O., S. 113
12 A. a. O., S. 121
13 A. a. O., S. 20 f.
14 A. a. O., S. 13
15 A. a. O., S. 120
16 A. a. O., S. 88
17 Ethik der Wissenschaften, Bd. 4, a. a. O., S. 110
18 Ethik der Wissenschaften, Bd. 3, a. a. O., S. 13 ff.
19 Ethik der Wissenschaften, Bd. 4, a. a. O., S. 9 ff.
20 G. E. Lessing, Die Erziehung des Menschengeschlechts, § 91, Stuttgart 1977, S. 29
21 M. Horkheimer, Die Sehnsucht nach dem ganz Anderen, Gesammelte Schriften, Bd. 7, Frankfurt 1985, S. 404
22 W. Börner, a. a. O.

Geisteswissenschaften und Geist – kein Bund fürs Leben

Der Verdacht, überflüssig zu sein, nagt an den Geisteswissenschaften. Die Verbände der Germanisten, Romanisten und Anglisten laden zu einer gemeinsamen Tagung ein (vom 8. bis 10.3.1989 in Bonn), um »die Öffentlichkeit der Bundesrepublik Deutschland auf den spezifischen Beitrag hinzuweisen, den die Sprach- und Literaturwissenschaften in der modernen Informationsgesellschaft zu leisten haben«[1]. Wenn Referate von Johannes Rau und Lothar Späth, Diskussionen mit Jürgen Möllemann und Peter Glotz hierfür als besonders dienlich angesehen werden und im Tagungsprogramm ausdrücklich vermerkt ist, daß »Wissenschaftler und Vertreter aus Wirtschaft und Industrie von Anfang an bei der Konzeption«[2] zusammenwirkten, so zeigt sich beispielhaft: Der Erweis der eigenen Unentbehrlichkeit wird den Geisteswissenschaften unversehens zum ersten Gebot – zum Prüfstein dafür, wieviel von dem Geist, nach dem sie sich nennen, noch in ihnen steckt.

Ein harter Prüfstein. Geist, der heute darüber Auskunft geben soll, wozu er gut sei, befindet sich nicht im herrschaftsfreien Diskurs, sondern vor Gericht. Die gesellschaftliche Entwicklung selbst hat ihn dorthin zitiert. Die Fakten sprechen. Daß man Natur- und Technikwissenschaften offensichtlich braucht, um international konkurrenzfähig zu bleiben, während Geistes- und Sozialwissenschaften dazu allenfalls minimal beitragen, daß es also volkswirtschaftlich richtig war, erstere in den letzten Jahren explosiv zu fördern, letztere drastisch abzubauen, daß ein paar Tausend arbeitslose Lehrer und Geisteswissenschaftler ein Tropfen auf den heißen Stein des Volkswohlstands sind – dies alles enthält eine handfeste Anklage: Geisteswissenschaften sind überflüssig; es geschieht ihnen recht, wenn sie noch mehr abgebaut werden.

Geist, der hier Rede und Antwort steht, verteidigt sich vor einer gestrengen Instanz, die sowohl Kläger als auch Richter, weil Geldgeber ist: die Gesamtheit der Kultus- und Wissenschaftsministerien, der Rechnungshöfe und Stiftungsräte, der Mäzene und Sponsoren. Das Gericht tagt laufend, ohne je physisch zusammenzutreten, und der Angeklagte hat, wie wortreich und verklausuliert er sich auch ausdrückt, nur mit einem einzigen Argument Aussicht auf Gehör: »Wenn ihr langfristig kalkuliert, werdet ihr sehen: Geist rechnet sich doch!«

Das läßt sich um so überzeugender dartun, je besser man die Sprache jener Kläger und Richter spricht. Insofern kann man bei Odo Marquard viel lernen. Als Präsident der Allgemeinen Gesellschaft für Philosophie in Deutschland hat er der Westdeutschen Rektorenkonferenz 1985 Sprachregelung vorgetragen: »Je moderner die moderne Welt, desto unvermeidlicher werden die Geisteswissenschaften«, weil ohne sie »zunehmend der lebensweltliche Bedarf des Menschen nicht mehr gedeckt wäre, in einer farbigen, vertrauten und sinnvollen Welt zu leben.« Und: »Die – durch die experimentellen Wissenschaften vorangetriebene – Modernisierung verursacht lebensweltliche Verluste, zu deren Kompensation die Geisteswissenschaften beitragen.«[3] Sie sind »ein Dienstleistungsgewerbe für Leistung von Diensten an Bürgern für deren Bürgerethik«[4]. Das versteht auch jeder Ministerialdirigent und Buchhalter. Verlustausgleich, Bedarfsdeckung, Dienstleistung? Ja, das muß sein.

Wenn einer konstruktiv für die Geisteswissenschaften tätig ist, nämlich Geld für sie locker macht, dann ist es Marquard. Die ganze Zunft hat Anlaß, sich bei ihm zu bedanken, und seine Kritiker, die sich mit Geisteswissenschaften als Kompensation nicht zufriedengeben mögen, müssen sich fragen lassen, ob sie denn letztlich etwas anderes wollen als er. Wenn sie darzulegen versuchen, daß das Gemeinwesen, die Demokratie, die allgemeine Wohlfahrt um des eigenen Vorteils willen den Schwund der Geisteswissenschaften gar nicht wollen kann, geht es ihnen dann nicht auch bloß um den Nachweis, daß Geist sich doch rechnet? Wollen sie dann nicht vor demselben Gericht gutes Wetter machen wie Marquard, nur daß sie weniger offenherzig und erfolgreich sind?

Herbert Schnädelbach, der Marquard als Präsident der Philosophiegesellschaft inzwischen abgelöst hat, tritt dem Schema Natur- versus Geisteswissenschaften zwar als einer »tendenziösen Vereinfachung« entgegen: »Wohin gehören denn Psychologie, Sozialwissenschaften, Mathematik, Jurisprudenz und Medizin – von integrativen Disziplinen wie der Anthropologie oder Ökologie einmal ganz abgesehen?«[5] Wenn er dann freilich fortfährt: »Wir leben nicht in einem binären, sondern in einem *vieldimensionalen* Kompensationssystem, ohne daß wir immer von vornherein sagen könnten, was da jeweils auszubalancieren ist und wodurch«[6], so zeigt sich: Die Stabilisierungs- und Kompensationsfunktion der Geisteswissenschaften steht selbst gar nicht zur Debatte, nur ihr Wie: »nicht immer nur konservierende Effekte zeitigen« sollen sie und sich »weder von den Kulturrevolutionären noch von den Kulturkonservativen«[7] vereinnahmen lassen.

»Die Geisteswissenschaftler«, sagt Schnädelbach, »sollten vor allem ihre Verteidigung selbst übernehmen; der dabei zu erwartende Stimmenwirrwarr ist kein Nachteil, sondern macht sie eher attraktiv«[8] – wie ein breites Sortiment das Einkaufszentrum attraktiv macht oder ein bunter Spielplan das Stadttheater. Auch das ist die Sprache, die beim Gericht der Geldgeber um Verständnis wirbt, nur weniger geschickt. »Attraktiv durch Wirrwarr« ist keine sonderlich subventionsträchtige Formel. Es müßte zumindest von Vielfalt, Konkurrenz, freiem Spiel der Kräfte die Rede sein, wenn nennenswerte Summen fließen sollen.

Der Soziologe Oskar Negt, vielen noch durch sein Engagement in der 68er Bewegung bekannt, will sich auf solche Imagepflege erst gar nicht einlassen. »Vom Öffentlichkeitsentzug lebt eine mehr oder weniger wildwuchernde, von Staat und Industrie aktiv unterstützte Technologieforschung.«[9] Die haben Geistes- und Sozialwissenschaften nicht einfach zu kompensieren. Vielmehr sind sie daran zu messen, »ob es ihnen gelingt, den Produktionsprozeß von Technologie, *was und wie* produziert wird, zum Gegenstand öffentlich diskutierbarer Interessen zu machen«, ob sie zum Beispiel in der Lage sind, »zwischen *hermetischen* und *offenen Technologien*« zu unterscheiden: »Hermetische Technologien wie Atomkraft und Gentechnologie schließen aufgrund der in ihnen enthaltenen Gefährdungspotentiale bestimmte gesellschaftliche Entscheidungen für eine demokratische Verfassung der Gesellschaft strukturell aus. Sie fordern den Überwachungsstaat heraus«[10] – im Gegensatz zur »mikroelektronischen Revolution«, die »zwiespältig« ist, »d. h. für Herrschaftszwecke [...] zu verwenden, aber auch Emanzipationsinteressen dienstbar zu machen«[11]. Also haben die Geisteswissenschaften für offene Technologien zu plädieren.

Die Frage ist nur: Müssen das nicht Naturwissenschaften und Technologie selbst tun, wenn es kompetent sein und die Forschungsrichtung ernstlich verändern soll? So daß dann das Plädoyer der Geisteswissenschaften gar nicht ihr eigenes ist, sondern ein ausgeliehenes? So daß die Selbstbesinnung, auf die es ankommt und die den Namen Geist verdient, in den Natur- und Technikwissenschaften stattfindet oder gar nicht – und die Geisteswissenschaften nur noch das Megaphon sind, durch das sie in die Öffentlichkeit gelangt? Und leisten das naturwissenschaftlich gebildete Journalisten nicht viel besser als Germanistik-, Altphilologie- und sogar Soziologieprofessoren? So daß gerade der Versuch, den Geisteswissenschaften eine unentbehrliche kritische Funktion zuzuweisen, ihre Entbehrlichkeit zutage fördert?

Dagegen wehrt sich Negt – allerdings mit Formulierungen, die noch in jedem CDU-Ministerium offene Türen einrennen: daß wir »eine neue Verantwortungsethik« brauchen, »die tatsächlich meine lebendige Tätigkeit an Ort und Stelle mit dem verknüpft, was daraus gemacht werden kann«[12] – oder »daß heute nichts so dringend und Leben fördernd wäre wie die Entwicklung des kulturwissenschaftlichen Denkens auf allen Ebenen«[13]. Letzteres geschieht bereits im neuen Studiengang Kulturwissenschaften, wo, wie etwa in Lüneburg, eine Mischung von ästhetischen, sprachwissenschaftlichen und betriebswirtschaftlichen Fächern die zahlreich andrängenden Studenten auf einen flexiblen Berufseinsatz ausrichtet: als Journalisten, Reiseleiter, Personalchefs oder Kunstmarktsachverständige. Und Verantwortungsethik? Nun, in einer Gesellschaft, wo »Verantwortung übernehmen« Metapher für »in die Politik einsteigen« ist, fühlt sich noch jeder Machtpolitiker als Verantwortungsethiker. Die Folgen seines Handelns mitbedenken – das tut er ja täglich, wenn er für Atomkraftwerke ist und dagegen, daß sie hochgehen, für Gentechnologie und gegen ihren Mißbrauch, für wirtschaftliches Wohlergehen und gegen Konkurrenzunfähigkeit auf dem Weltmarkt.

Wer zur Formel »Geisteswissenschaften = Kompensation« eine kritische Alternative bieten will, sitzt in der Zwickmühle. Entweder er erweist unfreiwillig die Überflüssigkeit der Geisteswissenschaften, oder er verfällt freiwillig in jene gremiengerechte, genehmigungsfähige, förderungswürdige Terminologie von Projekt- und Stellenbeschreibungen, die vorab ans Gesamtgericht der Geldgeber adressiert ist. Alternative Aufgabenkataloge ergeben allemal einen alternativen Marquard und werben höherenorts um Akzeptanz, auch wenn sie die Definition der Geisteswissenschaften als »Akzeptanzwissenschaften« (zu deutsch: als geistige Verdauungsmittel des wissenschaftlich-technischen Fortschritts) strikt ablehnen.

Was die Geisteswissenschaften untersuchen und was sie unterlassen sollten, vor allem aber was sie Kritisches leisten könnten, wenn man sie nur ließe – das sind Überlegungen, die vorab schon wie die Curricula klingen, die daraus erst werden sollen. Zudem enthalten sie zwei kühne Unterstellungen: 1. daß Geist von sich aus stets im Fortschritt, auf dem Weg in Neuland und auf höheres Niveau begriffen sei; 2. daß ein Fortschritt, dessen Motor Investitionen sind, ein geistiger sei. Beide Unterstellungen betrügen sich über den objektiven Stand des Geistes; beide klammern aus, wozu Geist leider mehr als alle Körperorgane des Menschen fähig ist: zur Rückbildung. Die Geisteswissenschaften sind selbst schon ein Regressionsphänomen: Zufluchtstätte des Geistes, der an seiner universalen Kapazität, seiner philosophischen Bestimmung, das Weltganze zu begreifen, vor einem Jahrhundert endgültig zu verzagen begann und doch die Errungenschaften jahrhundertelanger Weltinterpretation und Selbstbesinnung als seinen besonderen Zuständigkeitsbereich retten wollte. Die zweiteilige Weltsicht, die daraus folgte – hier Natur-, dort Geisteswissenschaft, hier Erklären, dort Verstehen, hier Analyse, dort Sinngebung (Dilthey) – war selbst schon ein geisteswissenschaftliches Produkt – und die unfreiwillige Übersetzung der Standards industrieller Arbeitsteilung in den Wissenschaftsbetrieb obendrein. Geist reflektierte nicht, wie ungeistig er da verfuhr, wie sehr er der modernen industriellen Welt Vorschub leistete, gegen die er sich rein erhalten wollte. In seiner Selbstbeschränkung zur Geisteswissenschaft lag zwar auch weiser Verzicht, vor allem aber der Keim jener Besitzstandswahrungsmentalität, die heute die zuständigen Fachverbände zur öffentlichen Selbstanpreisung treibt.[14]

Wo Geisteswissenschaft so tut, als habe der Geist seine Zukunft noch vor sich, als stehe er auf der Schwelle zu einem neuen nachmetaphysischen Denken, einer neuen Ethik, einer neuen Kunst, einer neuen Sprache, als fehle es nur noch an den Geldmitteln, damit diese Schwelle überschritten werde – da hat ein Verkrüppelter Athletenphantasien, da ist Geist nur der geistlose Reflex einer Gesellschaft, die täglich mit Neuem überflutet, täglich die Sucht nach Neuem verstärkt, täglich zu wissenschaftlich-technischem Fortschritt getrieben wird wie ein Zwangsneurotiker und *dem* Neuen, auf das alles ankäme, keinen Schritt näherbringt: der Befriedung der Erde und der Solidarität der Menschheit. Und wo suggeriert wird, daß es in Kunst und Literatur, Hermeneutik und Selbstreflexion gleichwohl täglich vorangehe, zeigt sich nur, daß auch in ihnen jene Art des Fortschritts Einzug gehalten hat, die nicht ihre eigene ist.

Geist war nie autark. Schon Aristoteles wußte, daß er seine Muße zur Selbstbesinnung auch der Sklavenarbeit anderer dankte. Aber noch nie hing Geist so am Tropf finanzieller Zuwendung wie heute. So gewiß der Abbau der Geisteswissenschaften geistfeindlich, so gewiß ist ihre Subventionierung nicht schon Parteinahme für Geist, sondern zunächst einmal nur die Form, ihn in eine Regie zu nehmen, die nicht die seine ist. So gewiß es skrupellos ist, Tausende von Geisteswissenschaftlern in die Arbeitslosigkeit oder zum Berufswechsel zu zwingen, so gewiß offenbart der Schwund der Fähigkeit, ohne Planstelle oder Forschungsauftrag noch produktiv zu denken, nicht nur gesellschaftliche Gewalt, sondern auch persönlichen Mangel an Widerstandskraft dagegen.

Überflüssig zu sein, das Gefühl, das die Arbeitslosen quält und lähmt, so sehr, daß selbst den privilegierten Geisteswissenschaftlern unter ihnen, die nicht darben müssen und Zeit zum Denken haben, immer weniger einfällt – überflüssig zu sein ist auch die Angst, die unter unkündbar beamteten Geisteswissenschaftlern umgeht, so sehr, daß ganze Verbände von ihnen ihre Differenzen hintansetzen und sich gemeinsam den Potentaten in Wirtschaft und Politik andienen.

Ihre Angst ist nicht unbegründet, aber geistlos. Geist gedeiht nur, wo er ungegängelt seinen Impulsen folgen und das heißt bisweilen auch: überflüssig sein darf. Seine Überflüssigkeit ist auch der Überfluß, aus dem er schöpfen muß, um mehr zu sein als Anhängsel oder Heiligenschein der Gesellschaftsmaschine: produktive, ins Begreifen und Gestalten menschlicher Lebensverhältnisse überfließende Kraft. Die Überflüssigkeit des Geistes nicht mehr ertragen können, heißt lebendigen Geist nicht mehr ertragen können. Daß kaum die Geisteswissenschaftler sie mehr aushalten, ist kein schlechter Indikator für den Stand der Geistfeindlichkeit, den die Gesellschaft als ganze erreicht hat.

Marquard, der Entzünder der neuen Debatte über die Rolle der Geisteswissenschaften, weiß besser als viele seine Kritiker, wie es um den Geist und seine Fähigkeit zum Fortschritt steht. Nur ist er es zufrieden so. Weil er vom Geist nichts mehr erwartet, kann er für die Geisteswissenschaften so viel tun – und die Augen dafür öffnen, wie wenig Geist und Geisteswissenschaft noch identisch sind.

Weniger denn je hat Geist eine feste Heimstätte. Er leuchtet auf, wo Naturwissenschaftler trotz ihres Forschungspensums die Kraft zur Selbstreflexion der Naturwissenschaften aufbringen, die sich gegen den blinden Zwang zum Fortschritt stemmt – eine Leistung, die ihnen die Geisteswissenschaftler nicht abnehmen und nur unbedeutend unterstützen können. Geist leuchtet auch auf, wo er sich seiner eigenen Lage schonungslos versichert und wenigstens durch die unreglementierte, unsubventionierte Einsicht in seine Ohnmacht und Ungeistigkeit beweist, daß er von der Freiheit, die er für sich reklamiert, überhaupt noch Gebrauch zu machen weiß. Geist leuchtet allemal auf, wo er sich mit »Unimut« dagegen sträubt, zu einem bloßen Qualifikationsbündel für den Arbeitsmarkt zu werden. Nicht ausgeschlossen, daß auch mal in einem geisteswissenschaftlichen Forschungsprogramm Geist aufleuchtet. Aber nicht sehr erleuchtet der Glaube, der Wiederbelebungsversuch der Geisteswissenschaften sei schon Wiederbelebung des Geistes.

Nur eine Geisteswissenschaft, die genug schlechtes Gewissen, will sagen Geist hat, um zu erkennen, wie weit Geisteswissenschaften und Geist auseinanderklaffen, nur eine

Geisteswissenschaft, die auf der spezifischen Überflüssigkeit des Geistes, gegen die eine ganze Gesellschaft allergisch zu werden droht, beharrt, wäre *kein* herausgeworfenes Geld, weil Sanatorium des Geistes. Nach wie vor ist Geist, der diesen Namen verdient, seine »Zeit in Gedanken erfaßt« (Hegel) – was ihm freilich nicht gelingt, indem er ein philosophisches System über die Realität stülpt, sondern indem er sich dem System, zu welchem die Realität sich zunehmend verdichtet, nicht fügt und sich an den Knotenpunkten entzündet, an denen es am ehesten aufzureißen wäre. Dafür gibt es allerdings keinen Haushaltstitel.

Nachweise und Anmerkungen

1 Vorprogramm der AnGeRo–Tagung
2 Ebd.
3 O. Marquard, Über die Unvermeidlichkeit der Geisteswissenschaften, in: ders., Apologie des Zufälligen, Stuttgart 1986, S. 102 f.
4 O. Marquard, Verspätete Moralistik, in: Kursbuch 91, März 1988, S. 15
5 H. Schnädelbach, Kritik der Kompensation, Kursbuch 91, a. a. O., S. 39
6 H. Schnädelbach, a. a. O., S. 41
7 A. a. O., S. 44
8 Ebd.
9 O. Negt, Fünf Thesen zur Notwendigkeit der Geisteswissenschaften, Kursbuch 91, S. 69
10 Ebd.
11 A. a. O., S. 69 f
12 A. a. O., S. 71
13 A. a. O., S. 72
14 Vgl. hierzu ausführlicher den nächsten Text.

Falsche Trennung – falsche Verbrüderung

Wie Geistes- und Naturwissenschaften einander zu verfehlen drohen

»Durch unsere Technik sind wir in eine Situation geraten, in der wir dasjenige, was wir herstellen und was wir anstellen können, nicht mehr vorstellen können.«[1] Das predigt Günther Anders nun schon fast 40 Jahre. Einen Atomkrieg in wenigen Minuten anzuzetteln, ist kein technisches Problem. Aber sich ernstlich vorstellen, zuinnerst begreifen, was er anrichtet? »Schon zwanzig Tote sagen uns, mindestens unserem Gefühl, nicht mehr als zehn Tote. Und die Mitteilung, daß Hunderttausend umgekommen sind, die vermittelt uns überhaupt nichts mehr. Je mehr Nullen wir an die Ziffern der Vernichtbaren oder Vernichteten hängen, um so nichtiger, um so nullenhafter wird unser Begreifen.«[2] Und so reagieren wir mit »Apokalypse-Blindheit«[3] auf die atomare Gefahr, sind unfähig, sie in unser Empfinden, Vorstellen, Gewissen wirklich aufzunehmen, sind unserm technischen Vermögen »als geistige Wesen nicht gewachsen«[4].

Der moderne Charakter – eine wissenschaftlich erzeugte Mißbildung? Das stand der neuzeitlichen Wissenschaft in ihrer Jugend wahrlich nicht an der Stirn geschrieben. Als Mitte des 18. Jahrhunderts die Franzosen Diderot und d'Alembert daran gingen, die Gesamtheit des menschlichen Wissens in einer Enzyklopädie zu vereinigen, wußten sie zwar, daß sie sich übernahmen: »Was ist also unser Ziel? Die Vollendung eines Werkes, das nie vollbracht werden kann und das weit über die menschliche Intelligenz gehen würde, wenn es vollendet würde.«[5] Schon damals war klar: Die Gesamtheit des menschlichen Wissens übersteigt unweigerlich die Fassungskraft jedes einzelnen. Auch als Universalgenie ist er nicht wirklich universal. Die Enzyklopädie war also nur möglich, wenn sie von vielen geschrieben wurde – und blieb selbst dann ein Versuch, »den Turm von Babel zu bauen«[6].

Dennoch: Die rapiden Fortschritte der Mathematik, Physik, Chemie, Biologie verlangten geradezu nach solchem Turmbau. Die einzelnen wissenschaftlichen Entdeckungen der Isolation der Gelehrtenstuben entreißen, sie planmäßig miteinander verknüpfen, zu allen bekannten Handwerkstechniken in Beziehung setzen und das Ganze der Öffentlichkeit zugänglich machen – das war ein Politikum ersten Ranges, hieß, geistige und körperliche Arbeit systematisch ineinandergreifen zu lassen, feudale Standesschranken zu durchbrechen und eine neue, weltbürgerliche, solidarische Epoche der Naturbeherrschung heraufzuführen. »Wir müssen für das *Physische* des Menschen sorgen, es ihm angenehm machen, und bald werden wir sehen, daß seine *Moral* besser und glücklicher, seine Seele friedlich und heiter und sein Wille durch natürliche und faßliche Beweggründe, die man ihm zeigt, zur Tugend bestimmt wird.«[7] Diese Auffassung Holbachs war die aller Enzyklopädisten. Der Glaube, zur materiellen, politischen und geistigen Befreiung der Menschheit Großes beizutragen, ist der euphorischen naturwissenschaftlichen Neugier jener Zeit unveräußerlich – und das entscheidende Motiv Diderots, die Enzyklopädie zu wagen *trotz* ihrer Unvollendbarkeit.

Eine strikte Trennung von Natur- und Geisteswissenschaft kommt in ihr nicht vor. Man ordnete das Wissen vielmehr bestimmten Grundkräften des menschlichen Intellekts gemäß: Gedächtnis, Einbildungskraft, Vernunft (logische Operationen). Unter Gedächtnis etwa wurde sowohl heilige Geschichte, Profangeschichte als auch Naturgeschichte abgehandelt, unter Vernunft sowohl Theologie, Logik, Moral, Psychologie als auch sämtliche Zweige der Mathematik und Physik, unter Einbildungskraft fielen vornehmlich die Künste. Wie aber der Intellekt erst wirklich begreift, wenn Gedächtnis, Einbildungskraft und Vernunft sich wechselseitig durchdringen, so will die Enzyklopädie dartun, daß humaner Fortschritt nur dann gelingt, wenn die einzelnen Wissenschaften einander wechselseitig voranhelfen und die Besinnung auf ihre Zusammengehörigkeit nicht unterbleibt. Logik läuft leer ohne Anwendung auf die Geheimnisse der Natur, Moral bleibt abstrakt ohne Rücksicht auf Beschaffenheit und Lebensbedingungen der Individuen, Naturwissenschaft wird beschränkt, wenn sie nicht aufs Handwerk schaut und sich nicht als Unterpfand und Unterbau menschlicher Emanzipation begreift.

Die Enzyklopädie ist ein epochales Modell: sowohl einer solidarischen Menschheit als auch des modernen wissenschaftlichen Betriebs. Daß beide einander ausschließen könnten, daß die Verknüpfung der Einzelwissenschaften mit Technik und untereinander nicht nur schubartige Entfesselung menschlicher Verfügungsgewalt, sondern auch Selbstfesselung der Menschen bedeuten würde – das ließen sich die Enzyklopädisten nicht träumen. Sie machten die Rechnung ohne den Wirt – das Privateigentum an Produktionsmitteln. Die Verbindung von Naturwissenschaft und Handwerk, die ihnen vorschwebte, wurde in der großen industriellen Maschinerie zwar konkret. Aber der Reichtum, den sie bescherte, fiel nicht der Menschheit zu, sondern den Maschinenbesitzern. Nicht um Elend zu beseitigen, sondern um

Waren billiger zu machen, nahmen sie den wissenschaftlichen Pioniergeist in Dienst. So definierten sie ebenso unwissenschaftlich wie folgenreich, nämlich durch die Tat, den Sinn von Wissenschaft: Nur soweit sie der Plusmacherei dient, darf sie auch der Menschheit dienen.

Die Humboldtsche Universitätsidee ist ein einziges Sich-Sträuben dagegen: der Versuch, Wissenschaft rein zu erhalten gegen ihre industrielle Anwendung. Aus der unschuldigen Sicht der Enzyklopädisten ein unsinniges Unternehmen: Erst durch Anwendung kommt Wissenschaft den Menschen zugute! Doch ein halbes Jahrhundert später liegen die Dinge anders. Humboldt ahnte, daß die Art ihrer Anwendung, die im großen Stil erst bevorstand, anderes fördern würde als Freiheit, Tugend und Glück. Allseitige Entwicklung der Individuen durch Wissenschaft? Ja, unbedingt – aber jenseits des gewöhnlichen Wirtschafts- und Berufslebens: im Schonraum Universität, wo es einzig darum zu tun ist, »Wissenschaft als solche zu suchen«, sich ihr als dem »Stoff der geistigen und sittlichen Bildung« »hinzugeben«[8].

Humboldt reagiert auf eine Absurdität: daß die Gesellschafts- und Wirtschaftsform, die der Wissenschaft zu unerhörter Blüte und Wirksamkeit verhilft, ihren humanen Zweck zugleich sabotiert. Wissenschaft, die nicht praktisch wird, erübrigt sich, aber es gibt ein Praktischwerden, das Wissenschaft um ihren eigensten Sinn bringt: die Menschheit zu freien, moralischen, glücklichen Individuen zu bilden. Diesen Sinn will Humboldt durch reine Universitätswissenschaft retten. Ein Rückzugsgefecht, aber immerhin eines, das die Wissenschaft als ganze in Schutz nimmt – gegen ihr falsches Praktischwerden.

Ein halbes Jahrhundert später mutet die Verknüpfung mit Technik zum Zwecke von Kapitalverwertung wie die innerste, naturgemäße Bestimmung der Naturwissenschaften selbst an – so selbstverständlich ist sie geworden. Es erscheint nun unsinnig, eine universitäre Naturwissenschaft an sich gegen solche Verknüpfung rein erhalten zu wollen, und aussichtsreich nur noch, dafür zu sorgen, daß Naturwissenschaft, ihre Art, Phänomene zu zerlegen, zu erklären, technisch verfügbar und wirtschaftlich verwertbar zu machen – sich nicht zur einzig möglichen Art von Wissenschaft aufspreize, daß zumindest *ein* Gebiet von naturwissenschaftlicher Methodik freigehalten werde: das Reich menschlichen Empfindens, Erinnerns, Vorstellens, Denkens. Das Rückzugsgefecht tritt in die zweite Phase.

»Die Gesellschaft«, schreibt Dilthey, »ist einem großen Maschinenbetrieb vergleichbar, welcher durch die Dienste unzähliger Personen in Gang gehalten wird«[9]. Und damit die Menschen in ihrer maschinellen Funktion nicht aufgehen, ist dem Nicht-Maschinellen an ihnen, der »inneren Erfahrung«[10], wie sie sich seit Menschengedenken in Sprache, Kunst, Religion, Politik, Philosophie manifestiert hat, eine Heimstätte und wissenschaftliche Pflege eigener Art zu widmen. Eben dies soll den Geisteswissenschaften obliegen. Jetzt erst werden sie zum Antipoden der Naturwissenschaften aufgebaut: zur alternativen Art der Welterschließung.

Auf den ersten Blick scheint das plausibel. Einem Gedicht oder Gemälde kommt man nicht bei, indem man es wie eine chemische Substanz analysiert, wie alle Erfahrenheit mit Kunst und Poesie nicht hilft, um Vorgänge im Reagenzglas zu bestimmen. Verschiedene Sachgebiete verlangen verschiedene Methoden, die, wie im Fall von Kunstinterpretation und chemischer Analyse, nicht einmal immer direkt aufeinander verwiesen sind. Indirekt allerdings sind sie es doch – entstammen demselben Intellekt, der im Labor über keine andere Gedächtnis-, Vorstellungs- und Abstraktionskraft verfügt als in der Gemäldegalerie, der ohne analytisches und synthetisches Vermögen zu keiner Bildinterpretation fähig und ohne Gedächtnis und Einbildungskraft nicht in der Lage wäre, auch nur ein Experiment zu organisieren und in Formeln zu übersetzen. Davon abzusehen, die Verwandtschaft und gemeinsame Vergangenheit mit den Naturwissenschaften schamhaft zu leugnen, ihnen die kalte, objektivistische Tatsachenzergliederung und Ursachenerklärung zuzuschieben, sich selbst aber das menschlich-nachfühlende Verstehen von Sinnzusammenhängen zu reservieren – dies ist der Gründungsakt der modernen Geisteswissenschaften.

Von Anfang an sind sie ein Naturschutzgebiet des Geistes, der nicht wahrhaben will, wie es um ihn steht, wie weit er selber schon Anhängsel der Maschinerie ist, gegen die er sich rein zu erhalten sucht. Indem Dilthey beschwörend an »den Inbegriff von Leidenschaft, dichterischem Gestalten, denkendem Ersinnen« appelliert, »welchen wir als Goethes Leben bezeichnen« und welcher »im inneren Erlebnis seinen selbständigen Ursprung und sein Material hat«[11], gesteht er unfreiwillig ein, daß es unter der Herrschaft des modernen Wirtschaftsgesetzes, wo die Individuen tendenziell zu Maschinenzubehör und Rechnungsposten werden und ihre Austauschbarkeit und Nichtigkeit systematisch zu spüren bekommen, mit den ursprünglich-authentischen Erlebnissen, den großen Gefühlen und Inspirationen zu Ende geht und die geschwächte Vorstellungskraft der einzelnen zu den technischen Kräften, die das Kollektiv versammelt hat, in ein historisch neues Mißverhältnis tritt. »Mit dem Weltkrieg«, heißt es bei Benjamin, »begann ein Vorgang offenkundig zu werden, der seither nicht zum Stillstand gekommen ist. Hatte man nicht bei Kriegsende bemerkt, daß die

Leute verstummt aus dem Felde kamen? nicht reicher – ärmer an mitteilbarer Erfahrung.«[12] Die Fassungskraft schrumpft, das zu Fassende wird überdimensional – unfaßbar. Die Unabhängigkeitserklärung der Geistes- an die Naturwissenschaften hat auf dieses Mißverhältnis schon reagiert, längst ehe es offensichtlich wurde. Sie hat es frühzeitig verleugnet – und institutionalisiert zugleich. Seine Latenz gehört seither zum Funktionieren des Wissenschaftsbetriebs – über alle Fachgrenzen hinweg.

Der Verzicht auf die allseitige Entwicklung der Individuen, von den Naturwissenschaften praktisch längst geleistet, wird von den Geisteswissenschaften nun ausdrücklich erklärt. Die Wissenschaft »als Weg zum *Glück*«: »Wer glaubt daran«, fragt Max Weber, »außer einigen großen Kindern auf dem Katheder oder in Redaktionsstuben?«[13] Schluß mit solchen Flausen, heißt die Devise. Die Selbsterhaltung der Geisteswissenschaften ist zugleich ihre Eingliederung in den großen gesellschaftlichen Maschinenbetrieb, gegen den sie eine Bastion sein wollen und gehorcht selbst schon dessen Standards. Ihr Fortschritt besteht seither denn auch vornehmlich in der fortschreitenden Bearbeitung, Katalogisierung, Verwaltung vergangenen Geistes und seiner Wurmfortsätze in der Gegenwart. Nicht, daß nicht allerlei Interessantes und Wissenswertes dabei zutage träte, wie es auch eine Reihe unbedingt sehenswerter und lehrreicher Museen und Ausstellungen gibt. Nur peinlich, wenn sich das Museumspersonal mit den Künstlern verwechselt, die Ausgrabung, Neuanordnung oder auch nur Zertrümmerung vergangener Genialität mit dem Geniestreich geistigen Fortschritts. Dieser Verwechslung dankt die Postmoderne ihr kurzes Dasein, von ihr lebt das heute so emsige Dekonstruieren, Rekonstruieren und Reformulieren vergangener Epochen, Kunstrichtungen, Denkweisen, das Nietzsche schon im voraus kommentiert hat: »immer wieder wird ein neues Stück Vorzeit und Ausland versucht, umgelegt, abgelegt, eingepackt«[14].

Und so ginge es munter weiter, hätten die Kultusbehörden mitgemacht. Die neue Krise der Geisteswissenschaften kommt nicht etwa von innen her, durch aufsehenerregende, an die Substanz gehende wissenschaftliche Kontroversen, sondern durch Geldentzug. Daß den Naturwissenschaften Unsummen zufließen, ihnen selbst aber an allen Ecken und Enden Stellen und Mittel gestrichen werden – das hat die Geisteswissenschaftler grundsätzlich werden lassen. Heißt das, daß sie nun endlich das Mißverhältnis von Fassungskraft und zu Fassendem, an dem alle Geistigkeit heute laboriert, thematisieren und durch rückhaltlose Selbstreflexion zeigen, daß noch ein lebendiger Funke jenes Geistes, den sie verwalten, in ihnen ist? Vielleicht in verschwindenden Ausnahmefällen. In der Regel streichen sie ihre Wichtigkeit für das Funktionieren dieser Gesellschaft heraus, als könne man gar nicht ohne sie, betonen ihre Verantwortung für ihre Studenten, d. h. ihren Willen, auch weiterhin Kundschaft zu haben, erklären ihre Bereitschaft, sich »neuen Herausforderungen« zu stellen, d. h. Dienstleistungen zu erfinden, mit denen sie sich bei Politikern und Wirtschaftsführern beliebt machen können, offerieren sich als Sprachrohr der Ökologie, als sei das ihre eigenste Bestimmung, empfehlen sich als Experten für Werte und Normen – und sind geehrt, wenn sie in letzterer Funktion von ihren Antipoden, den Naturwissenschaftlern, tatsächlich konsultiert werden.

Wie es dazu kommt? Nun, die Krise der Geisteswissenschaften ist nur die Kehrseite der Krise der Naturwissenschaften. In beiden waltet dieselbe Ökonomie. Den einen wird durch Geldzufuhr dieselbe Frage aufgedrängt wie den andern durch Gelddrosselung: Was soll aus uns werden? Die Pfleger des Nicht-Funktionalen am Menschen bangen um ihre Funktion, den Funktionalisten wird vor dem bloßen Funktion-Sein bange. Seit offensichtlich ist, daß die Katastrophe nicht nur durch technisches Gelingen, nämlich gezielten Atomschlag, sondern auch durch technisches Versagen, wie etwa atomare Unfälle, ausgelöst werden kann, regt sich in den Naturwissenschaften so etwas wie Angst vor der eigenen Courage. Daß die technischen Kräfte in ein Stadium zu treten drohen, wo sie selbst technisch nicht mehr zu bändigen sind, wo die Menschen daran, daß sie ihre Naturbeherrschung nicht beherrschen, endgültig zugrunde gehen – das macht die Naturwissenschaftler zu unsicheren Kantonisten, und zwar in doppeltem Sinne: In dem Maße, wie sie unsicher über ihre naturwissenschaftliche Tätigkeit werden, werden sie auch zu politischen Unsicherheitsfaktoren.

Der wissenschaftlich-technische Fortschritt hat ja nicht zuletzt deshalb den Schein eines Naturgesetzes angenommen, weil die mit ihm Befaßten ihm nie ernstlich Sand ins Getriebe gestreut haben. Wenn die sich aber eines anderen besinnen, weil sie *sich selbst* besinnen, dann droht sogleich Konkurrenzunfähigkeit auf dem Weltmarkt, Schwund des Wirtschaftswachstums, verschärfte Arbeitslosigkeit – alles das, was der moderne Staat sich nicht leisten kann. Die an den Schaltstellen des wissenschaftlichen Fortschritts sitzen, haben ungeheure Macht – und wehe, wenn sie sie anders wenden als vorgesehen, wenn sie entdecken, daß Sand ins Getriebe muß, damit es *nicht* auf seinen Zusammenbruch hinausläuft, und daß dieser Sand – sie selbst sind. »In Wirklichkeit gibt es nicht einen Augenblick, der *seine* revolutionäre Chance nicht mit sich führte«[15], sagt Benjamin. Das gilt auch heute noch.

Und auch heute noch ist das beste Mittel, eine revolutionäre Situation erst gar nicht aufkommen zu lassen, konzertierte Aktion. Aus den Wissenschaftsministerien verlautet, »daß wir heute gerade wegen der schnellen Entwicklungen in den Natur-, Technik- und Biowissenschaften dringend Ergebnisse geisteswissenschaftlicher Reflexion benötigen, um zu verstehen, was die Veränderung der Welt durch die Naturwissenschaften für uns bedeutet«[16] – womit in erster Linie Professuren und Institute für Philosophie und Ethik der Naturwissenschaften und Technik gemeint sind, die den Naturwissenschaften wieder einen Sinn, den Geisteswissenschaften wieder eine Funktion geben sollen. Etwa so: Die sogenannten menschlichen Probleme der Naturwissenschaftler – ob sie gewisse Experimente mit Tieren, Genen, radioaktivem Material überhaupt erst anfangen, gewisse Forschungsrichtungen überhaupt einschlagen dürfen – werden zur sprachlich-philosophisch-ethischen Bearbeitung den Geisteswissenschaften überwiesen, die Kriterien für ihre Bewältigung erstellen und dann gemeinsam mit den Naturwissenschaften in konkretes Orientierungswissen übersetzen. Ein Kommunikationsprozeß wird eingeleitet, wechselseitiges Verständnis geweckt, die unselige Trennung von Natur- und Geisteswissenschaften endlich überwunden.

Je gelungener diese Kommunikation, desto gelungener die Augenwischerei. Ihr Kern ist die Illusion, die Geisteswissenschaften könnten den Naturwissenschaften eine Ethik oder Kriterien dazu liefern. Selbst in ihren größten Zeiten hat Philosophie sich regelmäßig überhoben, wenn sie aus Moralprinzipien, also aus gedanklichen Allgemeingültigkeiten, das richtige Leben und den Weg dorthin herzuleiten versuchte. Das gelingt so wenig wie die Herleitung der Natur aus dem Geist. Es glückt erst recht nicht durch die Erfindung von Gummiprinzipien, die nicht mehr strikt allgemeingültig und dennoch Prinzipien sein sollen – und sich bei Lichte besehen als die Gemeinplätze entpuppen, die man sich auch ohne jede Philosophie hinter die Ohren schreiben kann: daß wir nicht alles dürfen, was wir können, daß wir auch für Tiere, Pflanzen und die nachfolgenden Generationen verantwortlich sind, daß das wahre Ziel in der Bescheidung der Ziele liegt, daß möglichst alle Entscheidungen zuvor mit den Betroffenen oder zumindest in ihrem Sinne zu diskutieren sind etc. Geschichtsvergessen und vermessen der Glaube, solche Grundsätze seien Vorboten einer neuen Ethik statt Verfallsformen der alten. Naiv der Optimismus, Geisteswissenschaftler könnten sich so viel Naturwissenschaften anlesen, daß sie in der Lage seien, dort mitzureden, wo es darauf ankommt: an vorderster Front der Forschung.

Die Naturwissenschaften sind mit ihrer Verantwortung allein. Die Geisteswissenschaftler haben die Pflicht, ihnen das zu sagen – und noch mehr: Die moralische Dimension der Naturwissenschaften beginnt nicht erst dort, wo sich die Naturwissenschaftler vor moralische Entscheidungsprobleme gestellt sehen. Genauso wie in der naturwissenschaftlichen Entdeckerfreude der frühen Neuzeit die Intention auf freie Entfaltung, Tugend, Glück steckte, also ein moralischer Impuls, so steckt in ihrer Verhärtung zum zwanghaften wissenschaftlich-technischen Fortschritt ein unmoralischer. Daß jeweils den ersten wirtschaftlichen Nutznießern einer naturwissenschaftlichen Entdeckung ein Riesengeschäft blüht, daß die anderen nachziehen müssen, um konkurrenzfähig zu bleiben – dieser Mechanismus der Kapitalverwertung ist der undemokratische, unwissenschaftliche

Motor des wissenschaftlich-technischen Fortschritts und auch der Tropf, an dem die Geisteswissenschaften zappeln: Grund der Trennung wie auch der neuen Wiederannäherung von Geistes- und Naturwissenschaften.

Die Trennung von den Naturwissenschaften durch falsche Verbrüderung mit ihnen zu übertünchen, sich als Sinnstifter des Fortschritts aufzuspielen und die Apokalypse-Blindheit unter dem Vorwand ihrer Beendigung fortzusetzen: das ist für heutige Geisteswissenschaft die Kardinalversuchung. Ihr widerstehen heißt die Naturwissenschaftler auf sich zurückwerfen. Die Selbstbesinnung, die dem wissenschaftlich-technischen Fortschritt ernstlich die Richtung ändert, leisten sie oder niemand. Es wäre nicht das erste Mal, daß eine historische Situation bestimmten Menschen eine Verantwortung auflädt, die ihnen zu groß ist, aber auch nicht das erste Mal, wenn diese Menschen mit ihren Aufgaben wachsen.

Die Geisteswissenschaften können dazu nur indirekt beitragen – und sind verantwortungslos, wenn sie es nicht tun. Ihre Geübtheit im Umgang mit historischen Texten und Dokumenten erlegt ihnen Pflichten auf: etwa den Naturwissenschaftlern aufs Einfachste und Faßlichste jene Knotenpunkte der Menschheitsentwicklung offenzulegen, wo Naturwissenschaft, Philosophie und Kunst noch ungeschieden oder zumindest so vermittelt waren, daß uns Heutigen die Gestehungskosten ihrer Trennung daran schlagartig klar werden. Nicht, um die Trennung rückgängig zu machen – das wäre romantisch verlorene Liebesmüh' –, wohl aber, um von ihr nicht länger mit Apokalypse-Blindheit geschlagen zu werden.

Nachweise und Anmerkungen

1 G. Anders, Die atomare Bedrohung, München[5]1986, S. 73

2 G. Anders, Die Antiquiertheit des Menschen, Bd. I, München 1956, S. 233 ff.

3 G. Anders, Die atomare Bedrohung, a. a. O., S. 73

4 Ebd.

5 D. Diderot, Gedanken zur Interpretation der Natur IX, in: Philosophische Schriften, ed. Th. Lücke, Bd. I, Berlin 1961, S. 422

6 D. Diderot, a. a. O., S. 423

7 P. Th. d'Holbach, System der Natur, übers. v. F. G. Voigt, Berlin 1960, S. 60

8 W. v. Humboldt, Über die innere und äußere Organisation der höheren wissenschaftlichen Anstalten in Berlin, Werke, Bd. IV, Darmstadt 1964, S. 255

9 W. Dilthey, Einleitung in die Geisteswissenschaften, Werke, Bd. I, Stuttgart 1959, S. 3

10 W. Dilthey, a. a. O., S. XVII

11 W. Dilthey, a. a. O., S. 9

12 W. Benjamin, Der Erzähler, Werke (ed. R. Tiedemann/H. Schweppenhäuser) Bd. II, 2, Frankfurt am Main 1977, S. 439

13 M. Weber, Wissenschaft als Beruf, in: ders., Gesammelte Aufsätze zur Wissenschaftslehre,[7]1988, S. 598

14 F. Nietzsche, Jenseits von Gut und Böse, Aph. 223, Werke (ed. K. Schlechta) Bd. IV, München 1980, S. 686

15 W. Benjamin, Notizen und Vorarbeiten zu den Thesen 'Über den Begriff der Geschichte', Werke, a. a. O., Bd. I.3, 1974, S. 1231

16 W. Börner, Die Lage der Natur– und Geisteswissenschaften an unseren Universitäten, s. o. den Text 'Aufragsdenken', Anm. 1

Geniekult

Geniekult: das war ein typischer Auswuchs der Romantik – mit ihr entstanden, mit ihr entschwunden. So lautet eine Schulmeinung, für die einiges spricht. Jene überspannte Verehrung fürs unsterbliche Werk der Künstler und Denker als der ästhetisch-moralischen Medizin, an der die Menschheit einzig genesen könne; jenes Schwärmen für die Einbildungs- und Denkkraft, die Unerhörtes in Worte, Töne oder Farben faßt und den Inbegriff freien Schaffens, den Vorschein humaner Selbstentfaltung vorstellt – sie sind mit Recht dahin. Die Kur hat nicht angeschlagen, die Medizin nicht verhindert, daß namentlich im Land der Dichter und Denker größte Barbarei ausbrach, Hitler indessen Goethe pries, Heydrich abends Schubert spielte.

Der romantische Geniekult war falsch, sein Gegenstand aber wenigstens kein unwürdiger. Die Zahl genialer Köpfe, die Mitteleuropa Ende des 18. bis Mitte des 19. Jahrhunderts belebte, ist tatsächlich ungewöhnlich groß und zeigt, wie sehr Genie auch von objektiven historischen Bedingungen abhängt, nicht nur von individuellen Naturanlagen und Umständen. In einer Epoche, wo die Französische Revolution sich anbahnte, stattfand und vorenthielt, was sie bringen sollte, wo Maschinerie und große Industrie das ganze materielle Leben umzuwälzen begannen, wo die Zukunft also *wirklich* als ein Neuland vor der Menschheit lag, das sie zum Guten oder Bösen zu betreten sich anschickte, da wurden auch mehr als zu anderen Zeiten geistige Kräfte frei, die auf ihre Weise in Neuland vordrangen, Kunst und Philosophie auf die klassisch-romantische Höhe trieben und untrüglich für das Vorankommen der Menschheit im ganzen zu zeugen schienen. In dem Maße aber, wie das politische Neuland ausgetreten und asphaltiert wurde, wie die Strukturen der bürgerlich-kapitalistischen Gesellschaft sich zum »stählernen Gehäuse« (Max Weber) und das Elend der Lohnarbeit zur allgemeinen Lebensbedingung verfestigten, wie sie die Produktivkräfte zu Destruktivkräften und die Zukunft zur Fortschreibung der Gegenwart tendieren ließen – in dem Maße kam über Kunst und Philosophie eine Krise, die zigmal zerredet und doch nie abgeschüttelt wurde. Sie ist die schleichende Krankheit zum Tode der Genialität.

Zum Genie gehört das Neue, das nicht allein Sache der Begabung ist. Bedrückend aktuell daher, was vor fast 150 Jahren der junge Marx an Hegels Philosophie begriff: Sie ist ein Ende. Nicht eine vollendete Gestalt, an der es nichts mehr auszubessern oder zu polieren gäbe. Aber das ist Wartungsarbeit, die am Prinzip nichts ändert: der genialen dialektischen Wendung, mit der Hegel suggeriert, das Weltganze und alles Bedeutende, was darin gedacht wurde, sei aus der Selbstbewegung des Begriffs hervorgegangen; »er kann daher der vorhergehenden Philosophie gegenüber ihre einzelnen Momente zusammenfassen und seine Philosophie als *die* Philosophie darstellen«[1]. Über Hegel hinaus kommt Philosophie nur, wenn sie etwas anderes als Philosophie wird. »Die Philosophie kann sich nicht verwirklichen ohne die Aufhebung des Proletariats, das Proletariat kann sich nicht aufheben ohne die Verwirklichung der Philosophie.«[2] Erst wenn sie *so* aus der Höhe des Genies und seiner Gefolgschaft in die tiefsten Niederungen des Alltags dringt, ist sie Einlösung philosophischer Genialität und vernünftiges Ende des Geniekults in eins.

Daß Philosophie und Proletariat nicht ineinandergegriffen haben, ist das Verdikt über beide: über eine nur nach Selbstbefriedigung trachtende Philosophie ebenso wie über eine Wirklichkeit, die sich eher zur *Bildzeitung* als zum Gedanken drängt. Und es ist das Verdikt über den Geniekult, der erst nach seinem fälligen Ende, als Anachronismus, zur Übergröße wuchs und unerfüllt, unbewußt auf eine Verwirklichung ganz eigener Art zutrieb, wie sie Thomas Mann in *Bruder Hitler* entdeckte: Wie »die tief schwärende Rachsucht des Untauglichen, Unmöglichen, zehnfach Gescheiterten [...] sich mit den [...] Minderwertigkeitsgefühlen eines geschlagenen Volkes verbindet«, »wie er, der nichts gelernt hat, [...] der auch rein technisch und physisch nichts kann, was Männer können, [...] das eine ausbildet, was not tut, um jene Verbindung herzustellen: eine unsäglich inferiore, aber massenwirksame Beredsamkeit, [...] womit er in der Wunde des Volkes wühlt [...] und aus dem nationalen Gemütsleiden das Vehikel seiner Größe, seines Aufstiegs zu traumhaften Höhen«[3] macht – das ist Genie, verhunztes zwar, auf »moralischem und geistigem Tiefstand«[4], aber Genie.

Unversehens und beiher lüftet Thomas Mann hier das Geheimnis, warum ein Kopf vom Format eines Heidegger so für die von Hitler geführte Bewegung entbrennen konnte, warum der Philosoph, der in die noch von keiner Metaphysik ergründete Tiefe des Seins zu schürfen glaubte, in einem geistig unendlich Unterlegenen den Ebenbürtigen zu erkennen meinte: Er witterte in ihm das exoterische Genie, den kongenialen Resonanzboden der eigenen Esoterik, und er irrte sich dabei in Hitler weniger als in seiner eigenen Mission. Zum Reichsphilosophenführer mochte der Exoteriker den Esoteriker nämlich nicht aufsteigen lassen. Die Planmäßigkeit, mit der dieser seinen denkerischen Aufbruch an den

Neuaufbruch Deutschlands zu knüpfen suchte, zeugt dennoch von tiefem Gespür für eine Wesensverwandtschaft im Gegensätzlichen, die den Geniebegriff am Nerv berührt und seither alles Philosophieren belastet. Die Aura des Jetzt-überhaupt-erst-in-die-Tiefe-des-Eigentlichen-Dringens, mit der Heidegger sein Denken zu umgeben wußte, ist ja keineswegs nur seinen Anhängern zum Unterpfand dafür geworden, daß auch im 20. Jahrhundert ein genialer Aufbruch zu neuen philosophischen Ufern möglich sei. Dieser Aura dankt er den hartnäckigen Ruf, fürs 20. Jahrhundert das zu sein, was Aristoteles für die Hochscholastik war: *der* Philosoph.

Die wiederbelebte Diskussion um Heidegger zeigt auf ihre Weise, daß Genialität das geheime, uneingestandene Trauma der Philosophie ist – seit »der Augenblick ihrer Verwirklichung versäumt ward«[5]. Von diesem Trauma her wird schlagartig eine philosophische Entwicklung verständlich, die unter Titeln wie Postmoderne und Poststrukturalismus von Frankreich ausgegangen ist. Niemand hat ihre Triebfeder so entwaffnend offen verraten wie Michel Serres: »Solange man keinen neuen Kontinent entdeckt hat, ist man kein wahrer Philosoph«, »ein durchaus achtbarer Wissenschaftler, aber kein Philosoph«[6].

Deshalb also hat Baudrillard es nicht ausgehalten bei seinem brillanten Aufweis, wie unscharf heutzutage Realität und Schein gegeneinander geworden sind, wie unsicher es ist, ob die Medien Realität abbilden, inszenieren oder fingieren, ob sie Politik wiedergeben oder machen, ob Opposition die herrschende Macht untergräbt oder stärkt, ob Terrorismus seine eigene oder des Staates Sache betreibt, ob Hochrüstung und Raumfahrt dem Erstschlag oder der sozialen Kontrolle dienen. Baudrillards Analyse dieser Zweideutigkeiten, die in bestem Sinn an Günther Anders erinnert, schlägt in die Behauptung von Eindeutigkeit um: Realität ist undefinierbar und damit definitiv Schein, verflüchtigt in Bilder und Zeichen, die nichts anderes mehr als sich selbst bedeuten, damit aber die traditionelle Logik verlassen, alle Metaphysik verabschieden und nur noch eines verkünden: »das Zeitalter der Simulakra und der Simulation«.[7]

Kritik ist zwecklos. Baudrillard: »Wir haben den ganzen Zyklus des kritischen Gedankens bereits durchlaufen. Meine früheren Bücher waren durchaus noch kritisch. Aber seit dem *Symbolischen Tausch und der Tod* ging es« »von einer Perspektive des Subjekts zu der des Objektes, von dem her es keine Kritik mehr gibt.«[8] »Meine Theorie schmiegt sich an ihr eigenes Objekt an. Wenn ich von Simulation rede, dann ist mein Diskurs simulatorisch, wenn ich von Verführung spreche, dann ist die Theorie auch Verführung. Sie kommt so ihrem Objekt näher.«[9] »Was aus dem Objekt kommt, kann man nicht vorhersehen, es hat vielleicht auch keine Konsequenzen, es kommt als reines Ereignis oder als reines Erlebnis. Das ist nicht mystisch gemeint, aber da entsteht etwas, dem ich auf der Spur bin.«[10]

In solchem Werdegang vom Kritiker des Bestehenden zum Ahner des Neuen schlägt das philosophische Genietrauma durch. Was schon gedacht ist, ist schon veraltet, was keinen Erfolg hat, ist wert, daß es zugrunde geht. Nur durch Kreation des Neuen kann das Subjekt sich noch ins Weltbuch der echten Philosophen einschreiben, selbst wenn das Neue in der Behauptung besteht, daß Philosophie veraltet und das Subjekt dahin sei.

Lyotards Wendung vom Marxisten zum Neudenker ist ähnlich, deutlicher nur sein Plädoyer für »reine Philosophie«[11]: »Aufgabe der Philosophie an-sich ist, Probleme neu zu erfinden und sie immer wieder umzustellen.« »In der Mitte des 20. Jahrhunderts können wir [...] nicht mehr auf die Antworten zurückgreifen, die die Modernen des 19. und 20. Jahrhunderts ausgearbeitet haben.« »Man muß also zu einem anderen Denken übergehen.«[12] Und dieses verlangt vor allem, den Anspruch auf Allgemeingültigkeit, mit dem die traditionelle Philosophie und Wissenschaft die Menschheit tyrannisiert hat, endlich aufzugeben. »Das 19. und das 20. Jahrhundert haben uns das ganze Ausmaß dieses Terrors erfahren lassen. Wir haben die Sehnsucht nach dem Ganzen und dem Einen, nach der Versöhnung von Begriff und Sinnlichkeit, nach transparenter und kommunizierbarer Erfahrung teuer bezahlt.«[13] Die Sehnsucht nach Versöhnung und Klarheit als Wurzel des modernen Terrors – welch gigantische Geschichtsklitterung kündigt sich da an! Aber der Gedanke ist neu und *daher* plausibel, wie die aus ihm abgeleitete Parole: »Krieg dem Ganzen, zeugen wir für das Nichtdarstellbare, aktivieren wir die Differenzen, retten wir die Differenzen«[14].

Le différend (die ungeschlichtete Differenz, der Widerstreit, die unkoordinierte Vielheit): das ist die Hefe des ersehnten Neuen – gleichsam der Vordergrund dessen, wovon Derrida den Hintergrund denkt. Er nämlich reflektiert auf das, was allen Differenzen noch vorausliegt wie bei Heidegger allem Seienden das Sein. »Keine meiner Untersuchungen wäre [...] möglich gewesen [...] ohne die Beachtung dessen, was Heidegger die Differenz zwischen dem Sein und dem Seienden, die ontisch-ontologische Differenz, nennt«[15]. Daß diese Differenz selbst bloß ein Gedankending sein könnte, das Sein bloß die leere begriffliche Abstraktion von allem konkret Seienden – solcher Verdacht kommt erst gar nicht auf. Nein, der Schritt vom Seienden zum Sein ist *der* epochale Schritt aus der Metaphysik hinaus, nur geht er nicht weit genug. Das Heideggersche Sein ist selbst noch mit metaphysischen Prädikaten bestimmt: Identität, Präsenz, Grund. Daher meint Derrida: Das allen Differenzen Vorausliegende ist nicht das Sein, sondern *la différance*, und die ist weder Einheit noch Vielheit, weder Zeichen noch Bezeichnetes, weder Grund noch Begründetes, weder Geist noch Natur.

Was sie dann sei? »Das ist Ihr Problem, nicht meines. Sie wollen unbedingt, daß diese Sache sich in einen vorgegebenen Raum einordnen läßt. Aber sie ist gerade dasjenige, was sich nicht einordnen läßt.«[16] Wie auch Derridas Vorgehensweise, die er Dekonstruktion nennt. Sie besteht darin, Texte so zu lesen und zu bearbeiten, daß die *différance* an ihnen zu wirken und ihren begrifflichen Zusammenhang, den immer schon der metaphysische Tyrann Logozentrismus gestiftet hat, aufzulösen beginnt. Dieser Gärungsprozeß »ist keine Philosophie, es sind Fragen an die Philosophie«[17]. »Ich mache mir also über Hunderte von Seiten hinweg das Leben mit einer Schreibweise schwer, [...] die jeden Begriff in eine unendliche Kette von Differenzen hineinzieht, die sich mit derart vielen Vorsichtsmaßnahmen, Referenzen, Anmerkungen, Zitaten, Zusammengeklebtem, Zusätzen umgibt oder belastet«[18] – daß man sich fragt: wozu eigentlich? Antwort: Um eines Denkens willen, »das 'nichts sagen will', welches über das Sagen-Wollen und das Sich-sprechen-hören-Wollen hinausgeht, indem es sie befragt«[19]. Und diesseits und jenseits des Atlantik wartet eine gespannte Lesergemeinde, was es wohl diesmal sein werde, was ihr der Meister nicht sagen will. Bereitwillig nimmt sie weitere Hunderte von Seiten mit Vorsichtsmaßnahmen und Referenzen, mit Zusammengeklebtem und Zusätzen auf sich –

um des Glücks willen, dabeigewesen zu sein, als das Denken neu wurde: nichtmetaphysisch und der logozentrischen Verblendung ledig, etwas sagen zu wollen.

Es ist, als hätte Adorno dies alles schon vor Augen gehabt: »Im Kultus des Neuen und damit in der Idee der Moderne wird dagegen rebelliert, daß es nichts Neues mehr gebe. Die Immergleichheit der maschinenproduzierten Güter, das Netz der Vergesellschaftung [...] verwandelt alles Begegnende zum je Dagewesenen«[20]. Doch der Kultus ist die falsche Rebellion, macht das Neue zur magischen Formel, unter der selbst noch »dem Grauen und der Verzweiflung Reizwert abgewonnen wird«[21]. »Faschismus war die absolute Sensation«. »Ohne die fast unwiderstehliche Gewalt der Begierde nach Schlagzeilen [...] wäre das Unaussprechliche nicht von den Zuschauern, ja nicht einmal von den Tätern zu ertragen gewesen.«[22] »Heute ist das Ansprechen aufs Neue [...] universal geworden«. »Die Dekomposition des Subjekts vollzieht sich durch dessen sich Überlassen ans immer andere Immergleiche.«[23]

Das sitzt; denn hier wird die Moderne von ihrem ökonomischen Bewegungsgesetz her begriffen, nicht als Projekt, literarische Gattung oder Denkweise. Und da zeigt sich: Postmoderne ist eine Blüte der Moderne, die neue Philosophie der Philosophie gewordene Kult des Neuen. Auch das Genietrauma gerät in grellstes Licht. Dadurch, daß der Aufbruch ins Neuland jenseits aller Metaphysik sich als Augenwischerei entpuppt, wird ja nicht schlechterdings falsch, daß Philosoph im emphatischen Sinn nur ist, wer einen »neuen Kontinent entdeckt«. Was schmerzt, ist vielmehr der richtige Impuls im Falschen. Ein paar französische Außenseiter sind es leid, die Art von Philosophiegeschichte zu treiben, die im »Paradies des Cartesianismus« (Paul Virilio) immer noch vorherrscht. Recht haben sie. Ihr Kult des Neuen ist zwar falsche Rebellion gegen die Moderne, aber immerhin Rebellion, die in dankenswerter Weise klarmacht, daß authentische Philosophie das genial Neue ebenso gebieterisch verlangt wie sie es ihren gegenwärtigen Vertretern vorenthält. Man kann sich nicht auf Bescheidenheit herausreden, jede Ambition auf Genialität fahrenlassen und doch ein originärer Philosoph sein wollen.

Und verzichten denn etwa jene deutschen Denker, die sich über den neufranzösischen Geniegestus mokieren und vergleichsweise akademisch-bescheiden »das Projekt der Moderne« (Habermas) weiterführen wollen, ernstlich auf jede derartige Ambition? Pflegen sie die ihre nicht nur verschämter, heimlicher? Laboriert nicht auch hierzulande jeder zweite, der auf seinen Ruf als Philosoph hält, an Vorarbeiten oder am Entwurf einer neuen Theorie? Nein, nichts Fertiges, natürlich kein System, wir können doch heute nicht mehr wie Hegel!

Aber weil wir nicht mehr können wie Hegel, müssen wir: »eine neue Einstellung zur Natur [...] gewinnen« (Gernot Böhme)[24]; »überlegen«, ob die Philosophie »den Takt der gesellschaftlichen und wissenschaftlichen Prozesse nur spiegeln kann oder nicht vielmehr in bestimmter Hinsicht auch vorgeben muß«, und uns auf die »Suche nach neuen Ressourcen für derartige Vorgaben« machen (Stephan Otto)[25]; »im Rahmen einer revidierten und kritischen Theorie der Rationalität auch ein neues Konzept von Aufklärung [...] entwickeln« (Herbert Schnädelbach)[26]; eine »Verantwortungsethik für die kollektiven Aktivitäten« als »das völlig Neue, das von uns gefordert wird«, erkennen (Karl-Otto Apel)[27]; »eine Denkform« entwickeln, die »in theoretischer Verantwortung« zwei »Gedanken zusammenführt«, nämlich den, der »das Wesentliche gerade mit dem Zufälligen und Transitorischen verbunden« sieht, und den, »daß das Entzogene, das Nicht-Artikulierte, auch das nicht Artikulierbare oder Dunkle nicht nur eine Grenze ist, sondern eine innere Bedingung der Klarheit« (Dieter Henrich)[28].

Wenn nun aber ein Philosoph auf dies neue Verhältnis oder Konzept, die neue Ressource, Ethik oder Denkform tatsächlich zuarbeitet – kann er dann eine andere Verfahrensweise einschlagen als die, die Lyotard als typisch postmodern charakterisiert hat? »Der Text, den er schreibt, das Werk, das er schafft, sind grundsätzlich nicht durch bereits feststehende Regeln geleitet«. »Diese Regeln und Kategorien sind vielmehr das, was der Text oder das Werk suchen.«[29] So daß der postmoderne Theoretiker den Unstern ausspricht, unter dem die moderne Suche nach dem ästhetisch-philosophisch Neuen sogar bei Gegnern der Postmoderne steht – nur daß er den Unstern für den Stern hält, der zum ersehnten Neuen leitet.

Die Postmoderne gibt uns die Chance zu lernen, wie tief der Kult des Neuen eigentlich sitzt. Er hat sich mit dem Bewegungsgesetz der modernen Gesellschaft selbst verschmolzen – um so inniger, je mehr es die Perspektive einer qualitativ anderen Gesellschaft verstellt. Und er kommt dem philosophischen Narzißmus, von dem kein Angehöriger der Zunft ganz frei ist, unendlich entgegen. So steht er im Begriff, zum Motor der modernen Philosophie insgesamt, nicht nur ihrer exotischen Blüten, zu werden. Und war er es nicht auch schon, der die Philosophie in zahllose Richtungen, Neubeginne, Wurmfortsätze hat zerfallen lassen, ihr vorgaukelnd, sie könne sich auch nach Hegel fortpflanzen als das, was sie bis dahin war, neu werden und doch Philosophie bleiben? Ist er nicht so etwas wie das doppeldeutige *pharmakon* der Philosophie: das Gift, das sie zersetzt hat und sich jetzt als ihr Lebenselixier empfiehlt – Opium im besten Marxschen Sinne?

Das Marxsche *Kapital* war tatsächlich seine »Zeit in Gedanken erfaßt« (in erschreckendem Maße noch unsere Zeit): vollgesogen mit Philosophie – aber um sie zu verlassen. Vielleicht wird erst von unseren Gegenwartsphänomenen aus etwas weit Zurückliegendes ganz deutlich: wie sehr nämlich der Schritt, den die Kritik der politischen Ökonomie über die Philosophie hinaus tut, auf alle Philosophie, die ihn ignoriert oder bagatellisiert, zurückschlägt und ihren Versuch, ungestört davon bei sich zu bleiben, mit einem grassierenden Selbstverlust bestraft.

Adorno, dem man schlecht nachsagen kann, er habe halbherzig philosophiert, hat dennoch unnachsichtig das welthistorische Versäumnis benannt, das seiner wie aller nachmarxschen Philosophie anhaftet. Es gibt eine Schuld der Philosophie an ihrem Fortbestehen. Der einzelne Philosoph gerät da hinein wie der Christ in die Erbsünde: Er kann nichts dafür und ist doch dafür verantwortlich. Wie die Existenz Gottes, so ist auch die der Philosophie angesichts des Elends nicht mehr zu rechtfertigen – es sei denn, die Beseitigung dieses Elends, soweit entfesselte humane Kraft es abschaffen könnte, ist Fluchtpunkt jedes ihrer Gedanken, es sei denn, ihr Denken ist Abtragen der Schuld, die sie an ihrem Dasein hat. Andernfalls ist ihr Weitermachen nur weitere Anhäufung von Schuld. Allerdings auch schon Strafe. Denn die philosophische Genieprätention wird vom Kult des Neuen, in den sie verwachsen ist, ebenso permanent gekitzelt wie gekränkt und bleibt traumatisch – während Philosophie als Buße sich die Enttäuschung über Mäuse gebärende Philosophenberge erspart, sich ungenial für das wahrhaft Neue offen hält, das nicht durch bloßes Denken, sondern allenfalls durch eine denkend handelnde Menschheit herstellbar ist, und sich inzwischen mit dem Exorzismus der Surrogate dieses Neuen gut die Zeit vertreibt.

Nachweise und Anmerkungen

1 K. Marx, Ökonomisch-philosophische Manuskripte, Marx-Engels-Werke (MEW), Ergänzungsband, 1. Teil, Berlin 1974, S. 574
2 K. Marx, Zur Kritik der Hegelschen Rechtsphilosophie, Einleitung, MEW, Bd. 1, Berlin 1977, S. 391
3 Th. Mann, Bruder Hitler, in: ders., Schriften zur Politik, Frankfurt am Main, 1970, S. 137
4 Th. Mann, a. a. O., S. 141
5 Th. W. Adorno, Negative Dialektik, Gesammelte Schriften, Bd. 6, Frankfurt am Main 1973, S. 15
6 F. Rötzer, Französische Philosophen im Gespräch, München 1986, S. 145
7 J. Baudrillard, Agonie des Realen, Berlin 1978, S. 15
8 F. Rötzer, Französische Philosophen im Gespräch, a. a. O., S. 29
9 A. a. O., S. 32
10 A. a. O., S. 33
11 A. a. O., S. 101
12 A. a. O., S. 103
13 J.-F. Lyotard, Postmoderne für Kinder, Wien 1987, S. 30
14 J.-F. Lyotard, a. a. O., S. 31
15 J. Derrida, Positionen, Wien 1986, S. 43
16 F. Rötzer, Französische Philosophen im Gespräch, a. a. O., S. 86
17 A. a. O., S. 81
18 J. Derrida, Positionen, a. a. O., S. 50 f.
19 J. Derrida, a. a. O., S. 47
20 Th. W. Adorno, Minima Moralia. Reflexionen aus dem beschädigten Leben, Frankfurt am Main 1951, S. 316 f.
21 Th. W. Adorno, a. a. O., S. 316
22 A. a. O., S. 319
23 A. a. O., S. 320
24 F. Rötzer (Hg.), Denken, das an der Zeit ist, Frankfurt am Main 1987, S. 79
25 F. Rötzer (Hg.), Denken, das an der Zeit ist, a. a. O., S. 204
26 A. a. O., S. 220
27 A. a. O., S. 69
28 A. a. O., S. 156 f.
29 J.-F. Lyotard, Postmoderne für Kinder, a. a. O., S. 29 f.

Restauration der Teleologie

Robert Spaemanns praktische Philosophie

Kampf gegen die Verdinglichung der Natur, gegen ihre Verkürzung auf das, was an ihr wissenschaftlich oder technisch verfügbar ist, Befreiung der Vernunft vom bloßen Funktions- und Instrumentendasein, Wiederentdeckung ihrer angestammten Verwandtschaft mit Natur, Rückbesinnung auf die klassische Ontologie – das sind zentrale Programmpunkte von »Civitas«, einer rührigen »Gesellschaft zur Förderung von Wissenschaft und Kunst«, die die Frage, »was vernünftige menschliche Praxis für den einzelnen wie für das Gemeinwesen in ganzheitlicher Sicht ist«, »im interdisziplinären Gespräch mit den Wissenschaften« klären und »Theorie und Forschung ebenso wie Politikberatung«[1] betreiben will. Eine politisch ambitionierte, handlungsorientierte Philosophengruppe, die aber gerade deswegen nicht pragmatisch argumentieren, sondern durch Reflexion auf Grundsätzliches die Praxis von Scheuklappen befreien möchte.

Ihr spiritus rector, Robert Spaemann, schöpft nahezu unbefangen aus der großen Tradition der klassischen Philosophie und des Christentums. Von Platon und Aristoteles, Thomas von Aquin und Kant aus will er jene »szientistische Reduktion«[2] überwinden, die Descartes der Welt antat, als er sie in ausgedehnte und denkende Substanz und sonst nichts einteilte. Die Vereinigung von Leib und Seele, Geist und Natur ist für solchen Szientismus ein Un-Gedanke. Unfähig zu einer »Anthropologie im eigentlichen Sinne«[3], kann er die ausgedehnte Substanz lediglich als unpersönliche Dingwelt, als Manövriermasse erachten und die denkende Substanz als die Instanz, die damit manövriert. Die Folge: Die wissenschaftliche Analyse der ausgedehnten Substanz ist die Verneinung ihrer Menschenähnlichkeit, und die sorgt schließlich dafür, »daß die menschliche Rede vom Menschen selbst zu einem unwissenschaftlichen Anthropomorphismus abgewertet wird«[4] und vom animal rationale nichts übrig bleibt als ein funktionales System.

Spaemanns These dagegen: Nur wo die Natur als menschenähnlich begriffen wird, ist auch Humanität möglich. Menschenähnlich aber ist sie durch ihr Hingeordnetsein auf ein Ziel, ihre teleologische Struktur. Der scholastische Grundsatz, daß alles Tätige um eines Ziels willen tätig sei, muß allen Naturwesen immer schon unterstellt werden, wenn die Geordnetheit ihres Entstehens nach Gattungen und Arten begreiflich werden soll. Sogar »Bewegung als Bewegung«[5] wird nur verständlich, »wenn man sie nach Analogie unseres eigenen 'Strebens nach' versteht«, also anthropomorph. Der Mensch ist nur das Wesen, worin die Zielgerichtetheit am deutlichsten, nämlich als bewußte hervortritt und als selbstbewußte fähig wird, sich über alle bedingten Ziele hinauszuheben: auf ein unbedingtes zu. Teleologisch heißt sich selbst übersteigend. Nur weil die Natur sich selbst übersteigt, gibt es vernunftbegabte Lebewesen, und diese wiederum sind nur begreiflich als über sich hinausgewiesene. »Reine Natur« ist bloß die Abstraktion von der teleologischen Struktur der wirklichen Natur, »reine Vernunft« die Abstraktion vom natürlichen Woher der Vernunft und ihrem übernatürlichen Wohin.

Solch traditionelle Verknüpfung von Natur und Vernunft gilt heute als überholt – zu unrecht, wie sich etwa am Begriff des ökologischen Gleichgewichts zeigen läßt. Er opponiert gegen die Reduktion der Natur auf eine Manövriermasse – und reduziert sie auf einen nicht minder menschenunähnlichen Kreislauf, ein permanentes blindes Auf-der-Stelle-Treten, das gleichwohl die Norm für menschliches Verhalten sein soll. Das ist nur umgekehrter Szientismus. Statt Renaturierung des Menschen will Spaemann hingegen Humanisierung der Natur. Er legt dar, was geschieht, wenn man die Natur *nicht* teleologisch betrachtet: Sie löst sich in einen Funktionszusammenhang auf, in welchem der Mensch allenfalls die höchste Funktion ist – ohne Ziel, auf das sie sich zubewegt und von dem aus historische Erkenntnisse als gut oder böse zu beurteilen wären. Ohne Teleologie keine unbedingte Instanz, von der aus Ethik möglich wäre, und relative Ethik, Güterabwägung, hängt in der Luft ohne ein Absolutes, ist selbst bloß Kosten-Nutzen-Rechnung, eine Variante des Szientismus.

Was aber geschieht, *wenn* man die Welt teleologisch betrachtet? Dann zeigt sich bald, daß Organismen sich auf eine kunstvolle, zielgerichtete Weise entwickeln – um dann zu zerfallen. Die Natur frißt ihre eigenen Kinder, auch die besonders gehätschelten. Daß aber das Zunichtemachen eigener Zwecke das Zweckmäßige schlechthin sei, hat noch keine Teleologie darlegen können. Deswegen glückt kein teleologischer Gottesbeweis, und deswegen hat die szientistische Weltsicht so dominant werden können: Sie ist geboren aus der Verzweiflung an der Brüchigkeit der teleologischen.

Davon sieht Spaemann ab. Weil die szientistische Reduktion der Natur und den Menschen unrecht tut, soll die Teleologie schon recht haben. Und wer Teleologie sagt, muß auch letztes Ziel, Unbedingtes, Gott sagen, woraus folgt: »'Das Gute selbst' im Sinne Platons und der jüdisch-christlichen Tradition, Gott also als letztes Um-willen ist immer schon wirklich«[6]. So einfach ist das; als hätte es die ganze Religionskritik der Aufklärung nicht gegeben. Spätestens hier offenbart sich, worauf Spaemann hinaus will: Restauration der guten alten Teleologie. Gerade dort aber, wo er sich um dieser Restauration willen leichtfüßig über alles hinweggesetzt, was die Teleologie brüchig gemacht hat, zeigt er sich vom bekämpften Szientismus selbst angenagt: Weil es Mensch und Natur nicht zuträglich ist, zur bloßen Funktion degradiert zu werden, muß es ein Unbedingtes, Gutes an sich, also Gott geben. Wie und wo er existiert, und vor allem wie er mit dem weniger guten Lauf der Geschichte vereinbar ist – wird ausgeklammert. Daß im Menschen Natur nicht nur sich transzendiert hat, sondern auch bei sich geblieben ist, aus dem Bann blinder Natur nicht heraustrat, ohne sein Grauen zugleich zu reproduzieren – wird ausgeklammert. Was nicht dazu taugt, den Menschen als ein auf Gott hingeordnetes, von ihm mit unzerstörbarer Würde und ethischen Richtlinien ausgestattetes Wesen darzustellen, ist auch der Erwähnung nicht wert.

Solche instrumentell-restaurative Argumentationsweise bringt um die Früchte der eigenen Einsichten – z. B. in die Unzulänglichkeit einer zur Weltanschauung aufgespreizten Evolutionstheorie. Die nämlich meint die Entstehung menschlicher Subjektivität durch einen Begriff zu erklären, der selbst höchst erklärungsbedürftig ist: Mutation. Daß organische Substanz aus anorganischer, denkende aus nicht denkender *durch Mutation* entstanden sei, erklärt nicht etwa, wie dieser Übergang möglich ist, sondern heißt nur: Ein zureichender Grund läßt sich nicht angeben. Denken hat zwar eine Genesis; aber alle Versuche, Denken aus Nicht-Denken herzuleiten, scheitern; sie müssen das Herzuleitende immer schon voraussetzen. Kurzum: In der menschlichen

Vernunft gibt es ein Moment von Unableitbarkeit, damit auch von Unbedingtheit, Absolutheit, und ohne es wäre Freiheit nicht möglich.

Mit Recht besteht Spaemann daher auf der »Nichtrekonstruierbarkeit des Menschen«[7] – durch Evolutionstheorie oder was es auch sei. Nur macht er selbst nicht ganz ernst damit, wenn er behauptet, »der Mensch, jeder einzelne Mensch, sei ein ausdrücklich als dieses gewollte Geschöpf Gottes«[8], sich also nicht scheut, aus Gott herzuleiten, was die Evolutionstheorie aus der Natur hervorgehen läßt. Spaemanns Erklärungsversuch soll zwar keiner sein, und doch sieht Gottes Entschluß zur Schöpfung der Mutation der Natur zur Subjektivität frappierend ähnlich. Beide haben die Struktur des Mysteriums, nur daß die Natur immerhin unzweifelhafter Gegenstand der Erfahrung, Gott aber zweifelhafter Gegenstand des Glaubens ist.

Der angebliche Verzicht auf die Rekonstruktion des Menschen entpuppt sich als alternative Rekonstruktion, die Verneinung des Evolutionsdogmas als dessen theologisches Gegenstück. Das Moment von Unableitbarkeit und Unbedingtheit in menschlicher Subjektivität wird durch Rekurs auf Gott zur höheren, autarken Sphäre aufgespreizt. Keine Rede von der antinomischen Struktur dieser Sphäre, davon, daß das Unbedingte, Absolute nur bezogen aufs Bedingte, Relative, mit dem es ja gerade nichts zu tun haben soll, gedacht werden kann. Dies metaphysische Ärgernis zu ignorieren statt zu thematisieren bringt erhebliche Vorteile. Statt sich an einer Antinomie abzuarbeiten, kann man ethische Maximen entwerfen, die schlicht von der Absolutheit menschlicher Personalität ausgehen: »Jeder Mensch ist schon für sich selbst ein 'Kontext', ein Sinnganzes.« »Dieses Selbstverständnis ist die Voraussetzung dafür, daß der

Mensch überhaupt in vielerlei andere sittliche Verhältnisse eintreten kann.«[9] »Sittliche Verhältnisse und Handlungen [...] sind nicht Mittel zum Zweck, sondern integrierende Bestandteile der Gesamtheit eines 'richtigen Lebens'.«[10] »Sittliche Verhältnisse sind: Freundschaft, Ehe, das Verhältnis zwischen Eltern und Kindern, zwischen Arzt und Patient, zwischen Lehrern und Schülern, zwischen Berufskollegen usw., usw.«[11] Und wie steht es mit Arbeitgebern und Arbeitnehmern, Arbeitenden und Arbeitslosen, Reichen und Armen, Satten und Hungernden, Befehlenden und Befehlsempfängern, Sendestationen und Publikum, Atomproduzenten und Atomgegnern? Alles sittliche Verhältnisse? Spaemanns Antwort: »usw., usw.« Mit anderen Worten: Solche Fragen sind unerheblich, wenn man Ethik von der Unbedingtheit der Person aus konstruiert, einem Fixpunkt namens Menschenwürde, der in jedem Individuum »ein letztes, unhintergehbares Residuum des Selbstseins als möglicher sittlicher Selbstbestimmung«[12] ausmacht und nicht von außen zerstört, sondern nur durch den Inhaber verspielt werden kann. Als gäbe es weder Psychopharmaka noch Folter und ihren Beweis, wie leicht Subjektivität zu brechen, wie weit es mit der Unbedingtheit menschlicher Würde her ist: daß sie nur ein Moment, nichts Autarkes ist, etwas, das mehr ist als seine Entstehungsbedingungen, aber nie ganz unabhängig von ihnen, etwas, das auch dort, wo es sich von ihnen ablöst, stets wieder auflösbar bleibt und von außen nicht minder als von innen zerstört werden kann. Zumal sich zwischen außen und innen immer schwerer unterscheiden läßt: Ist die Nötigung von Arbeitslosen, sich einen Job zu suchen, äußerlich oder innerlich, Marktgesetz oder Herzensbedürfnis, heteronom oder eigenster sittlicher Antrieb?

Stellt man sich auf den Standpunkt »Die Würde des Menschen ist unantastbar« und meint damit, es sei nicht nur unstatthaft, sondern unmöglich, sie von außen anzutasten, so hat man sowohl die Staatsmacht auf seiner Seite als auch die Gewißheit: »Sittliches Handeln ist heute so gut möglich wie eh und je.«[13] Es besteht nämlich darin, sittliche Verhältnisse zu »realisieren«, Ehe, Familie, Freundschaft, Beruf usw., usw., und die sind jeweils so sittlich, wie das Individuum sie macht. Und sie reichen nicht weiter als bis an den Horizont des Individuums. Man »zerstört den Begriff der sittlichen Verantwortung durch Überdehnung« »zu einer bloß instrumentellen Funktion im Rahmen einer stets fiktiv bleibenden Gesamtverantwortung.« »Hätten wir in diesem Sinne eine positive Universalverantwortung, so könnten wir nur resignierend mit Hamlet sagen: 'Weh, daß zur Welt ich kam, sie einzurichten!' Es wird uns heute vielfach von den Medien, von politischen und religiösen Predigern eine Verantwortung dieser Art suggeriert.«[14]

Warum wohl? Daß der materielle Wohlstand, den der freie Westen in schönster Menschenwürde genießt, mit dem Elend ganzer Erdteile kausal zusammenhängt, daß ein Reaktorunfall hier noch im fernsten Osten oder Westen verheerend sein kann – alles nur Demagogie? Daß es heute, anders als zu Thomas von Aquins Zeiten, eine wirkliche Weltgeschichte gibt, nämlich ein von Menschen gemachtes globales Netz, in das sie allesamt verstrickt sind und das ihr Tun auf vielfältige, für den einzelnen nicht mehr durchschaubare Weise verbindet – alles nur Propaganda? Daß Hamlets »Weh, daß zur Welt ich kam, sie einzurichten« prophetisch die heutige Weltmisere vorwegnahm, die sich immer mehr auf ein »Entweder es gelingt, die Welt einzurichten, oder sie geht hoch« zuspitzt – lediglich Übertreibung, die »den Begriff der sittlichen Verantwortung durch Überdehnung« zerstören will?

Spaemann weiß es eigentlich besser. »Die Dimensionen menschlicher Aktivität haben eine Reichweite erlangt, daß zunächst ihre unbeabsichtigten Nebenfolgen die Welt als ganze in Mitleidenschaft ziehen.« »Wir wachsen in eine Epoche hinein, in der Begriffe wie Menschheit, Kosmos, Natur, Geschichte beginnen, so etwas wie ein sittliches Verhältnis zu bezeichnen, aus dem sittliche Verantwortlichkeiten folgen.«[15] Aber folgen sollen sie nur so weit, wie sie die Kirche im Dorf lassen, die Menschen nicht moralisch »überdehnen«. In Wahrheit ist der Weltzustand selbst seit langem moralisch überdehnt. Was moderne technische Zerstörungsmittel möglich gemacht haben, übersteigt, wie Günther Anders nicht müde wird zu betonen, die intellektuelle und moralische Fassungskraft der Individuen bei weitem. *So* realisiert sich heute vornehmlich »Selbsttranszendenz des Menschen«: Was ein einzelner durch Knopfdruck oder durch Vervielfältigung auf der Mattscheibe global auslösen kann, daran reichen seine Imagination und sein Gewissen nicht entfernt heran. Schön wär's, wenn die eigene Würde von außen unzerstörbar wäre und die eigene Verantwortung nur so weit reichte wie die unmittelbar erkennbaren Folgen des eigenen Tuns, wenn man aus der Begrenztheit des einzelnen die Begrenztheit seiner Verantwortung folgern und ein ethisches Minimalprogramm ableiten könnte, das »die absichtliche und die direkte Tötung unschuldiger und wehrloser Menschen, die absichtliche Täuschung des Vertrauens durch unwahre Rede und die Herauslösung der Sexualität aus ihrem integralen humanen Kontext«[16] bedingungslos verwirft. Ein wahrhaft begrenztes Programm, das einerseits Selbstverständlichkeiten umschließt, andererseits Grenzen hat, die bei näherer Betrachtung zerfließen. Wie steht es denn z. B. mit dem Attentat auf den Tyrannen, dem auch sein Kammerdiener zum Opfer fällt? Mit der Illusion, an der wider besseres Wissen festgehalten wird, um das Leben auszuhalten? Mit der sogenannten sexuellen Perversion, die bekanntlich nur um eine Nuance vom normal gehaltenen, bürgerlich-patriarchalen Sexualleben abweicht? Alles eindeutige Fälle unbedingter moralischer Verwerfung?

Selbst auf das ethische Minimalprogramm, eine Art eiserner Ration für aufrichtige Kleinbürger, ist kein absoluter Verlaß. Das liegt an seiner zweifelhaften Voraussetzung: der unbedingten, von Gott verbürgten Personalität des Menschen. Freilich hat Spaemann recht, daß ohne sie Ethik aus Prinzipien nicht möglich ist. Und wer sittliches Handeln in begrenzter Verantwortung aus unzerstörbaren menschlichen Werten plausibel machen will, muß eine solche Ethik wollen und darf nicht fragen, ob sie möglich ist. Sich über diese Frage hinwegsetzen heißt moralische Aufrüstung treiben, heißt ignorieren, daß richtiges Handeln aus Vernunftprinzipien nicht deduzierbar, allenfalls an ihnen meßbar ist. Und es heißt absehen vom realen Stand der Vergesellschaftung der Individuen wie von der Reichweite ihrer technischen Mittel, die einer autarken Sphäre von Menschenwürde ebenso spotten wie einer begrenzten Verantwortung.

An Spaemann ist bemerkenswert: Er wird nicht müde, die szientistische Denkweise und ihre Herabsetzung der Natur zur menschenunähnlichen Manövriermasse zu brandmarken. Aber er verliert kein Wort über den Szientismus, wo er mehr ist als bloß Denkweise oder technisches Verfahren, nämlich gesellschaftliches Substrat. In einer Sozietät, wo die Menschen nicht leben können, ohne ihre Arbeitskraft zu verkaufen, nicht ohne als Mittel zu Zwecken zu fungieren, über die sie nicht zu befinden haben, nicht ohne eine Ware zu sein, mit der manövriert und kalkuliert wird – da ist der Szientismus Prinzip des Gesellschaftsprozesses. Die Ware Arbeitskraft ist die Menschengestalt gewordene Verneinung der menschlichen Gestalt, der fleischgewordene Szientismus, der das Mittel-Sein als den höchsten Zweck des Menschen kodifiziert.

Dies unsittliche Faktum, in der bestehenden Gesellschaft harte materielle Grundlage aller angeblich sittlichen Verhältnisse, ist für Spaemann kein Thema, weil stillschweigende Voraussetzung der Politik, die er beraten möchte. Das Beratungsprinzip: Die Ursache akzeptieren und an den Wirkungen kurieren. Den Menschen beibringen, ihre szientistisch organisierte Gesellschaft nicht als solche anzusehen, Szientismus bloß als Denkfehler, nicht als Widerschein der Produktionsverhältnisse zu erachten, und den Fehler durch eine andere Sichtweise zu korrigieren: die teleologische. Wenn nämlich als ausgemachte Sache gilt, daß die Natur auf den Menschen hin angelegt ist, der Mensch wiederum seine Würde aus Gott und sein Telos in Gott hat, dann sieht man leichter über den ärgerlichen Widersinn hinweg, daß tatsächlich jede Bewegung vernünftig nur gedacht werden kann als auf etwas hin, die Bewegung dieser Gesellschaft aber auf nichts hingeht, sondern um ihrer selbst willen ist: eine ökonomische Zwangsexpansion, um zu expandieren, ein Wachsen, um nicht zu stocken. Nur weil der menschliche Intellekt selbst teleologisch verfaßt ist, kann er diesen Widersinn reflektieren, die szientistische Gesellschaft als antagonistisch begreifen. Wahr aber ist Teleologie nur als Einspruch gegen Szientismus, nicht als geschlossene Lehre. Denn die teleologische Struktur der Vernunft, die, wie Kant darlegte, nicht anders kann, als zu allem Bedingten ein Unbedingtes, zu allen Mitteln einen letzten Zweck zu denken, ist zwar fundiert in der Struktur der Natur, aber nicht kongruent mit ihr. Das Leiden und Sterben ist als Vernunftzweck nicht erweisbar. Man kann es nicht vernünftig denken ohne seine Aufhebung zu postulieren. So viel bleibt unhintergehbar wahr an der Kantischen Postulatenlehre.

Auch den Antagonismus der bestehenden Gesellschaft kann man nicht vernünftig denken, ohne seine Aufhebung zu postulieren – und diese, im Gegensatz zu der von Gebrechlichkeit und Sterblichkeit, ist möglich. Spaemanns Kritik des Szientismus läuft, zu Ende gedacht, auf eben diese Aufhebung hinaus. Doch ist es ihm nicht um solche Konsequenz, sondern um Politikberatung zu tun. Teleologie soll zur geschlossenen Lehre restauriert werden, die in der Natur ihr Fundament, in Gott ihren Bürgen hat und die bruchlose Plattform darstellt, von der aus politisches Handeln moralisch zu verantworten, d. h. mit gutem Gewissen zu versehen ist. Solche Teleologie gibt eine ziellos organisierte Welt als zielgerichtet aus, legt ihr den höheren Sinn unter, den ihre szientistischen Kategorien vermissen lassen, und betreibt eine Kritik des Szientismus, die mit dessen gesellschaftlichem Fundament vorab den Pakt geschlossen hat. Man muß die Politiker nicht kennen, denen da philosophische Beratung zugedacht ist; man kann sie sich konstruieren.

Nachweise und Anmerkungen

1 R. Spaemann u. a. (Hg.), Evolutionstheorie und menschliches Selbstverständnis, Weinheim 1984, Impressum
2 R. Spaemann, Das Natürliche und das Vernünftige, München 1987, S. 19
3 A. a. O., S. 16
4 A. a. O., S. 23
5 A. a. O., S. 34
6 A. a. O., S. 36
7 A. a. O., S. 9
8 A. a. O., S. 65
9 R. Spaemann, Gesinnungsethik und Verantwortungsethik, in: P. M. Schmidhuber (Hg.), Orientierungen für die Politik, München 1984, S. 72
10 A. a. O., S. 65
11 A. a. O., S. 64
12 R. Spaemann, Das Natürliche und das Vernünftige, a. a. O., S. 96
13 R. Spaemann, Gesinnungsethik und Verantwortungsethik, a. a. O., S. 60
14 A. a. O., S. 60
15 A. a. O., S. 69
16 A. a. O., S. 73

Moral als Selbstbeschäftigung

Wenn von Moral die Rede ist, haben gerade die Deutschen Anlaß, vor der eigenen Tür zu kehren. Den heutigen Stand moralischer Theorie und Praxis an seinem Verhältnis zum Nationalsozialismus zu prüfen, ist das mindeste, was man von ihnen verlangen kann. Erfreulich und selten genug, eine Tagung dokumentiert zu finden, die ausschließlich zu diesem Zweck Referenten versammelte, in der Hoffnung, »daß im Lichte des furchtbaren Faktums, unter dem Druck der uns immer noch so nahen Ereignisse, die Frage der praktischen Philosophie im Blick auf ihre Risiken und Möglichkeiten ganz besonders ernstgenommen und dringlich behandelt werden«.[1]

Doch was für Fragen und Probleme hat diese Philosophie? Karl-Otto Apel[2] etwa, der 1940 mit seiner »ganzen Abiturklasse Kriegsfreiwilliger wurde«, also zu denen gehört, die »beim Erwachen nach der Katastrophe« »an sich selber die 'Zerstörung des moralischen Selbstbewußtseins' erlebt haben«, nämlich »daß 'alles falsch' war, für das wir uns eingesetzt hatten«[3] – er war von nun an mißtrauisch dagegen, daß der »normative Maßstab einer möglichen und nötigen Kritik der eigenen Tradition einfach aus dem Vergleich mit der sozusagen 'normalen' Entwicklung der westlichen Demokratien gewonnen werden könnte«[4] und reflektiert seither »auf das weltgeschichtliche Problem des Übergangs von der *konventionellen* zur *postkonventionellen* Moral und auf die besondere Relevanz dieses Problems für das Verständnis gerade der jüngeren deutschen Geschichte«.[5]

Konventionelle Moral: damit ist das Ensemble der Sitten und Gebräuche, Institutionen und Verkehrsformen gemeint, das in einer Nation, Gesellschaft, Kultur üblich geworden ist. Je besser diese Üblichkeiten, desto sicherer die Individuen vor Rückfällen in die Barbarei. Wo demokratische Regeln, freie Wahlen, gleiches Recht für alle zu den politischen Selbstverständlichkeiten gehören, ist die Widerstandsfähigkeit gegen Diktatur relativ hoch, weswegen Hermann Lübbe ausruft: »Wären doch damals, als die Nazis die Macht ergriffen, die Law-and-Order-Mentalitäten bei den Deutschen kräftiger ausgeprägt gewesen!«[6] Seine These: Die konventionelle Moral war damals nicht konventionell genug: es fehlte am *common sense* – für ihn »ein Begriff, der die Demokratiefähigkeit moderner Gesellschaften charakterisiert«. Daß gerade die Nazis sich auf Konvention beriefen, nämlich in Form des »gesunden Volksempfindens«, zählt für ihn nicht. Bei denen hatte das »die Funktion einer Liquidation [...] positivistisch fixierten gemeinen Rechts. Hingegen war [...] schon im 17. Jahrhundert die Berufung auf den *common sense* gerade umgekehrt von der Absicht bestimmt, den im gemeinen Recht inkarnierten *common sense* geltungsmäßig gegen absolutistische Entscheidungsprätentionen zu stärken.«[7]

Wie aber, wenn gerade der Erfolg der Formel »gesundes Volksempfinden« zeigt, daß der *common sense* nur vorübergehend im gemeinen Recht inkarniert war und seine eigene, davon durchaus unterschiedene Geschichte hat, in der die Gesetze der Massenpsychologie und Kulturindustrie eine entschieden größere Rolle spielen als rechtliche? Dann offenbart der *common sense* seine ganze Untauglichkeit als Vorbeugemittel gegen Faschismus, und Apels Argwohn gegen Üblichkeit als moralischer Norm besteht zu Recht.

Auch Konventionen und Verfassung westlicher Demokratien verdienen wie jeder *common sense* nur dann Geltung, wenn sie sich als vernünftig erweisen, und das Kriterium hierfür kann nicht wiederum eine Konvention sein.

Daher lautet Apels Programm: Übergang von konventioneller zu postkonventioneller Moral. Das klingt einleuchtend, hat nur einen Haken: Alle Üblichkeiten unter Menschen, die uns irgend überliefert sind, haben eine Vorgeschichte, d. h. sie haben andere Üblichkeiten verdrängt, überlagert, abgelöst. Für die mütterzentrierten Gesellschaften des Mittelmeerraums und Vorderen Orients etwa dürfte der Prozeß, der zu männlicher Erbfolge, Entrechtung der Frauen und sonstigen patriarchalen Sitten und Gebräuchen führte, etwas höchst Unübliches gewesen sein. Die Jahrtausende währende Konvention des Patriarchats war, als sie entstand, postkonventionell. Und umgekehrt: Wozu bemüht sich Kant um ein allgemeines, von allen historischen Bedingungen und Konventionen unabhängiges Sittengesetz, wenn nicht, damit es überall befolgt werde? Reine Vernunft soll praktisch werden heißt doch soviel wie: Das überkonventionelle Moralprinzip soll zur allgemeinen Konvention werden. Weder ist also der Übergang von konventioneller zu postkonventioneller Moral erst eine Sache unserer Zeit; er hat in geschichtlichen Kämpfen x-mal stattgefunden. Noch hält es postkonventionelle Moral bei sich aus; Moral, die nicht beherzigt, also Konvention werden will, streicht sich selbst durch.

Spezifisch für unsere Epoche ist vielmehr dies: Sie »kann nicht existieren, ohne die Produktionsinstrumente, also die Produktionsverhältnisse, also sämtliche gesellschaftlichen Verhältnisse fortwährend zu revolutionieren. Unveränderte Beibehaltung der alten Produktionsweise war dagegen die erste Existenzbedingung aller früheren industriellen Klassen. Die fortwährende Umwälzung der Produktion, die ununterbrochene Erschütterung aller gesellschaftlichen Zustände, die ewige Unsicherheit und Bewegung zeichnet die Bourgeoisepoche vor allen anderen aus. Alle festen eingerosteten Verhältnisse mit ihrem Gefolge von altehrwürdigen Vorstellungen und Anschauungen werden aufgelöst, alle neugebildeten veralten, ehe sie verknöchern können.«[8]

Das ist, in den schlichten Worten des *Kommunistischen Manifests*, was heutige Moralphilosophie als Obsoletheit des Fortschritts, Sinnkrise, Zerstörung des moralischen Selbstbewußtseins beklagt – unter Absehung von der Wirtschaftsform, die inzwischen als Weltwirtschaftsordnung auch Ostblock und »Dritte Welt« in ihren Bann gezogen hat. Diese Wirtschaftsform gestattet nicht, daß an Stelle der Konventionen, die sie auflöst, sich neue von ähnlicher Dauerhaftigkeit bilden. Sie braucht flexible, an ständig neue Erfordernisse anpassungsfähige Individuen, postkonventionelle Verhaltensweisen, die sich gleichwohl nicht zu konventionellen verhärten. Sie befreit von moralischer Starre wie von moralischem Halt, weckt das Verlangen nach neuen stabilen Normen ebenso wie sie seine Befriedigung verhindert. Den einzigen Sinn, den Moralprinzipien haben können, nämlich zur allgemeinen Konvention zu werden, richtet sie zugrunde, indessen sie selbst, das einzig Beharrliche in diesem Dauerwechsel, sich immer mehr zur Konvention und Selbstverständlichkeit verfestigt: zur ungenannten Norm aller Normen, die zwar niemand als moralisch zu rechtfertigen wagt und die doch als geheimer Spiritus rector der Moraldiskussion fungiert.

Davon zeugt das Projekt postkonventioneller Moral. Apel verlangt ein universales Moralprinzip, damit man den Konventionen und Üblichkeiten, über deren moralische Unzuverlässigkeit der Faschismus so furchtbar belehrt hat, nicht völlig ausgeliefert sei. Aber so ganz prinzipiell, wie bei Kant, soll es auch wieder nicht sein: »eine *rein philosophische Prinzipienethik* nicht nur zu ergänzen, sondern [...] sogar zu korrigieren«[9] ist die Absicht. Gesucht wird also ein Moralprinzip, das für alle gelten und doch nicht zur Prinzipienmoral verpflichten soll, und gefunden wird es im »Apriori der Sprache und Kommunikationsgemeinschaft«[10], an dem jeder, der den Mund zum Sprechen auftut, schon teilhat. Selbst wenn er nur fragt, warum er eigentlich moralisch sein soll, unterstellt er laut Apel »immer schon bei sich und allen virtuellen Diskurspartnern eine *Mitverantwortung für die konsensfähige, rein argumentative Lösung der aufgeworfenen Frage*«, somit »nicht nur automatisch die *Gleichberechtigung* aller virtuellen Diskurspartner, sondern auch so etwas wie eine *Solidarität der Problemlösungsverantwortung* in der kontrafaktisch antizipierten idealen Kommunikationsgemeinschaft«[11].

Das ist richtig, aber nur die halbe Wahrheit. Gleichberechtigung und wechselseitige Anerkennung sind Leertitel. *Als was* man gleichberechtigt ist und einander anerkennt, ist entscheidend: ob im Krieg als Feind, im Tausch als Warenbesitzer, im Bett als liebendes Individuum. Noch die Hochrüstung ist geadelt durch wechselseitige Anerkennung als Supermacht und Sorge ums atomare Gleichgewicht, und die alljährlichen Tarifrunden mit ihrem wortlosen Einverständnis darüber, daß die Produktionsverhältnisse nicht zur Debatte stehen, mit ihrer wechselseitigen Anerkennung der Unterhändler, mit ihrer schließlich kompromißgekrönten »Solidarität der Problemlösungsverantwortung« kommen der idealen Kommunikationsgemeinschaft schon verteufelt nahe.

Die bloße Intersubjektivität des Sprechens ist eine leere Form. Die darin beschlossene Gleichberechtigung und Wechselseitigkeit kann sich je nach Lage als Vergeltung, Feilschen, Liebe oder Versöhnung konkretisieren, aber keine Ethik begründen. Dafür empfiehlt sie sich in anderer Hinsicht. Wenn nämlich menschliche Vernunft einen »*internen (notwendigen)* Bezug zu *anderen Ichen* bzw. zu einer *Kommunikationsgemeinschaft*«[12] hat, dann ist sie a priori auch demokratisch verfaßt. In der bloßen Form der Intersubjektivität stecken schon die Tugenden der Wechselseitigkeit, Gleichberechtigung, Argumentationswilligkeit, die in demokratischer Verfassung Staatsform annehmen und die Einrichtungen und Üblichkeiten westlicher Demokratien davon erlösen, bloße Konventionen zu sein. Nicht weil sie sich bewährt haben, sind sie als moralische Hoffnungsträger legitimiert, sondern weil sie ihre höhere Rechtfertigung und ihren Maßstab in einer transzendentalen Demokratie finden: der intersubjektiven Struktur der Vernunft.

»*Common-sense*-Philosophie« (Lübbe) und postkonventionelle Moralphilosophie (Apel) sind nicht so kontrovers, wie es scheinen möchte. Strittig ist, womit man der Demokratie eher einen Gefallen tut: wenn man ihre historischen Verdienste als Staatsform hervorkehrt und zu sichern trachtet, oder wenn man sie transzendental zu begründen und zur allgemeinen Sprechform zu erweitern sucht. Unstrittig hingegen, daß die Fundierung der Demokratie *die* moralphilosophische Aufgabe unserer Zeit sei, besonders im nachfaschistischen Deutschland. Daß Demokratie als bloße Staats-, Verfahrens- und Diskursform genausogut der

Verwaltung von Wirtschaftswachstum und Massenarbeitslosigkeit, Weltmarkt und Welthunger dienen kann wie der Befriedung der Erde und einem Verein freier Menschen, je nach Produktionsverhältnissen, Bewußtseinsstand und moralischer Reife, daß Demokratie an sich, obwohl hundertmal besser als Faustrecht, doch nur ein hohles Faß ist, gleichermaßen bereit, Gutes wie Böses in sich aufzunehmen – davon wird einvernehmlich und ohne Diskussion abgesehen.

Man hat ja auch sonst genug zu tun. Wenn man sich nicht, wie Lübbe, in dem Verweis auf die Vorzüge der demokratischen Staatsform moralphilosophisch erschöpfen möchte, wenn man, wie Apel, grundsätzlich werden, ein Moralprinzip zur Morallehre ausfalten und den Übergang von transzendentaler zu konkreter Demokratie philosophisch konstruieren will, so steht man vor einer enormen Aufgabe: denn »Prinzipien können niemals unvermittelt auf eine konkrete Situation angewandt werden«[13], weil »die menschliche Geschichte [...] immer schon angefangen hat und [...] ein 'vernünftiger Neuanfang'«, unbelastet von allem, was war, »prinzipiell unmöglich ist«[14]. Hier und jetzt zu verlangen »Handle so, als ob du Mitglied einer idealen Kommunikationsgemeinschaft wärst«, ist also »nicht nur *unzumutbar*, sondern moralisch *unverantwortlich*«[15], denn die Verhältnisse, die sind nicht so. Daher »ist ein *verantwortlich* Handelnder nicht nur ausnahmsweise, sondern im Prinzip zu einer Einstellung verpflichtet, die [...] nicht nur *diskursiv-kommunikative Methoden der Konfliktregelung*«, sondern auch »*Methoden der strategischen Instrumentalisierung*« vorsieht, als da wären: »Angebote und Drohungen«, »Suggestionen, Manipulationen«, »gezielte Informationen,

Verschweigung, Herunterspielen, Nahelegen von Konsequenzen, Gebrauch eines bestimmten Vokabulars usw.«[16].

Hier kommt des Pudels Kern kurzzeitig zum Vorschein: »daß jeder von uns tagtäglich genötigt ist, in diesem Sinne in mehr oder weniger krasser Form gegen das Prinzip einer universalistischen Diskursethik zu verstoßen, um nicht unverantwortlich zu handeln«[17]. Statt aber dies harte Faktum als Bankrott besagten Prinzips zu erkennen, dessen Leerheit einzugestehen und sich nunmehr der geistigen Durchdringung der Verhältnisse zu widmen, die das Moralischwerden hemmen – nur begriffene Hemmnisse sind überwindliche Hemmnisse –, sucht Apel sein Moralprinzip mit den Verhältnissen, auf die es nicht anwendbar ist, zu vermitteln – durch ein »Ergänzungsprinzip«: »Reduzierung der Differenz zwischen der antizipierten Idealität und der vorgegebenen Realität« »in Anknüpfung an die geschichtlichen Vorbedingungen« mit Hilfe »immer erneuter hypothetischer Rekonstruktion der Geschichte«[18] »in praktischer Absicht«[19]. Dies Ergänzungsprinzip konkretisiert sich als Arbeitsbeschaffungsmaßnahme. Von der »griechischen Aufklärung des 5. Jahrhunderts v. Chr.« über »die stoischen Philosophen«, »die postkonventionellen Elemente des Evangeliums«, die »gesamte Geistesgeschichte des Mittelalters« »und die sie fortsetzende der Reformationsbewegungen«, die »Problematik der Säkularisierung«, »die Ausbildung der Staatsräson im Absolutismus« bis hin zur »Aufklärung des 18. und 19. Jahrhunderts« und zur »Entwicklung der westlichen Demokratien« ist so ziemlich alles zu rekonstruieren, und nach getaner Arbeit »ließe sich dann die aus spezifisch deutscher Perspektive interessierende Frage nach den Gründen bzw. Ursachen der moralischen Regression im Zusammenhang mit der Herrschaft des Nationalsozialismus stellen«[20]. Also genau die Frage, von der die ganze Besinnung ausging.

War für Kant die *Befolgung* seines Moralprinzips eine unendliche Aufgabe, so ist es für Apel die *Rechtfertigung* des seinen. Moralphilosophie ist der sich selbst hinausschiebende Versuch, Moralphilosophie zu begründen – und damit vollauf beschäftigt. Der Übergang von konventioneller zu postkonventioneller Moral ist dabei auf Dauer gestellt. Einerseits findet er statt: Durch ein allgemeingültiges Moralprinzip wird allen konventionellen Begründungen der Abschied gegeben. Andererseits findet er nicht statt: Das Moralprinzip ist so recht keines, weil leer und unanwendbar, und die Behebung dieses Mangels wird durch ein Ergänzungsprinzip samt Geschichtsrekonstruktionsprogramm in unendliche Aussicht gestellt. Der Übergang führt zu nichts. Gerade darin ist er Ausdruck jenes Übergangs, der als die »fortwährende Umwälzung der Produktion, die ununterbrochene Erschütterung aller gesellschaftlichen Zustände, die ewige Unsicherheit und Bewegung«[21] die Signatur der Moderne und ihren moralischen Widersinn ausmacht.

Bei alledem nimmt Apel den vorgeschobensten Posten zeitgemäßer Moralphilosophie ein. Andere finden, sein Versuch der »transzendentalpragmatischen Letztbegründung einer Diskursethik« wage sich viel zu weit vor. Es wären doch erst einmal die Voraussetzungen einer »ethisch-politischen Argumentationspraxis« zu klären, schlägt Paul Lorenzen vor, nämlich die »Grundbegriffe zum Selbstverständnis des *homo politicus*, des Bürgers, insofern er sich in einem Staate lebend weiß, in dem die Gesetze von den Bürgern selbst gemacht werden«. »Dazu gehören die Grundbegriffe der Argumentationslehre, des Opponenten und

Proponenten, und die ganze Dialogik, die modale Logik und was nicht alles«[22], d.h. das »Programm des schrittweisen *Aufbaues einer anthropologischen und soziologischen Terminologie«*[23] muß erfüllt werden, ehe »die Aufgabe ethisch-politischer Bildung unmißverständlich formuliert werden«[24] kann. Hans Ebeling meint: Der »entscheidende Ertrag des NS-Systems ist der, daß der nachfolgende Umbau der Philosophie eine Widerstandspflicht in moralisch-praktischer Absicht einzuschließen hat, und zwar im Grundsatz der Universalisierung selbst. Das aber ist nur möglich, wenn zuvor auch die Theorie des Selbstbewußtseins in zunächst ausschließlich theoretischer Absicht *um*geschrieben ist.«[25] Und Oswald Schwemmer sieht den dringlichsten moralphilosophischen Schritt in »Rückfragen zu einigen Grundbegriffen«[26], in der Sortierung von »finalen und afinalen Imperativen«[27], von »Generalisierung und Universalisierung«[28], von »Basisentscheidungen«, »Begründungsprinzipien«, »Begründungs*regeln*«, »Anwendungsbedingungen«, »Maximen- und Normenentwicklung«[29] und einigen mehr, um »zumindest eine systematische Ordnung praktischer Argumentationen aufzeigen zu können« und zu klären, »welche Art von Imperativen eine normative Ethik zu begründen hätte, wenn sie ihren eigenen Ansprüchen auf eine rationale Begründung von Verhaltensnormen gerecht werden wollte« und »was eine solche normative Ethik wissen müßte, wenn sie tatsächlich die eingeforderten Begründungen geben wollte«.[30]

Wenn Philosophen Moralprobleme wälzen und sortieren wie Sachbearbeiter ihre Akten, wenn ihr moralphilosophisches Tun auf Arbeitsbeschaffungsprogramme für Moralphilosophen hinausläuft, wenn sie auf ihre Selbstrechtfertigung und Weiterbeschäftigung hinarbeiten statt auf einen glückswürdigen Verein freier Menschen, dann erweist sich an der Moralphilosophie die demoralisierende Kraft des modernen Wirtschaftsgesetzes, das für sie kein Thema ist und sie gleichwohl reagieren läßt wie jeden durchschnittlichen Lohnempfänger: Arbeitsplatzsicherung steht an erster Stelle. Die entscheidenden Dinge sind gar nicht so kompliziert. So könnte auch jeder, der begriffen hat, was philosophischer Idealismus ist, wissen: Die Fixierung allgemeingültiger Moralprinzipien, aus denen richtiges Leben und der Weg dahin sich herleiten ließe, kann ebensowenig gelingen wie die Herleitung der Natur aus dem Geist. Da helfen weder Zusatzannahmen, Rekonstruktionen noch Sprachklärungen. Moralphilosophie als eigene Disziplin ist genauso idealistische Selbstüberhebung des Geistes wie Schöpfungstheologie.

Zur moralischen Besinnung gehört der Verzicht auf solche Selbstüberhebung. Als philosophische Disziplin dankt sie ab. Ihr wahrer Gegenstand ist alles, was dem richtigen Leben *entgegen*steht: alle Verhältnisse, »in denen der Mensch ein erniedrigtes, ein geknechtetes, ein verlassenes, ein verächtliches Wesen ist«[31]. Dagegen hat sie auch dann alle Kräfte zu mobilisieren, wenn die Beseitigung dieser Verhältnisse nicht in Aussicht steht. Denn moralische Pflicht schielt nicht nach Lohn, und Moralphilosophie, die sich in solche Pflicht nicht nimmt, erübrigt sich.

Nachweise und Anmerkungen

1 So Wolfgang Kuhlmann in der Einleitung des Sammelbandes *Zerstörung des moralischen Selbstbewußtseins – Chance oder Gefährdung?* Herausgegeben vom Forum für Philosophie Bad Homburg. Frankfurt am Main 1988, S. 20

2 Apels Beitrag zur genannten Tagung zitiere ich nach seiner längeren Fassung in: K.-O. Apel, Diskurs und Verantwortung, Frankfurt am Main 1988, S. 370 ff.

3 K.-O. Apel, a. a. O., S. 374

4 A. a. O., S. 376

5 A. a. O., S. 425. Am Übergang zur postkonventionellen Moral, einem Hauptproblem der sogenannten Diskursethik, arbeiten u. a. auch J. Habermas, Moralbewußtsein und kommunikatives Handeln, Frankfurt 1983; D. Böhler, Rekonstruktive Pragmatik, Frankfurt 1985; W. Kuhlmann, Reflexive Letztbegründung, Freiburg 1985; A. Wellmer, Ethik und Dialog, Frankfurt 1986.

6 Zerstörung des moralischen Selbstbewußtseins, a. a. O., S. 235 f.

7 A. a. O., S. 234 f.

8 K. Marx/F. Engels, Manifest der Kommunistischen Partei, Marx-Engels-Werke, Bd. 4, Berlin 1977, S. 465

9 K.-O. Apel, a. a. O., S. 448

10 A. a. O., S. 448

11 A. a. O., S. 451

12 A. a. O., S. 445

13 A. a. O., S. 455

14 A. a. O., S. 454

15 Ebd.

16 A. a. O., S. 463 f.

17 A. a. O., S. 464

18 A. a. O., S. 467

19 A. a. O., S. 469

20 A. a. O., S. 472 ff.

21 K. Marx/F. Engels, a. a. O.

22 Zerstörung des moralischen Selbstbewußtseins, a. a. O., S. 149 f.

23 A. a. O., S. 153

24 A. a. O., S. 154

25 A. a. O., S. 161

26 O. Schwemmer, Ethische Untersuchungen. Rückfragen zu einigen Grundbegriffen, Frankfurt am Main 1986

27 O. Schwemmer, a. a. O., S. 17

28 A. a. O., S. 23

29 A. a. O., S. 27 f.

30 A. a. O., S. 7 f.

31 K. Marx, Kritik der Hegelschen Rechtsphilosophie. Einleitung, MEW, Bd. 1, Berlin 1977, S. 385

Verantwortungsethik – das gute Gewissen des Opportunismus

Bei den Grünen gibt es, wie man weiß, einen Parteiflügel, der auf den eigenen Forderungen kompromißlos beharrt, und einen, der zu Konzessionen an die SPD bereit ist. Beide Flügel liegen seit Jahren im Streit, und seit es ihn gibt, gibt es auch politische Beobachter, die ihm ein bestimmtes Etikett aufkleben wollen. Bei den Grünen, so sagen sie, wiederhole sich bloß in neuer Besetzung ein altes Lehrstück: der Konflikt zwischen jenen beiden unvereinbaren Grundeinstellungen zur Politik, für die der große Soziologe Max Weber schon 1919 die Begriffe Gesinnungs- und Verantwortungsethik prägte.

Was ist damit gemeint? Den Musterfall sogenannter Gesinnungsethik sah Weber in der Bergpredigt Jesu, die ja nichts geringeres verlangt als seine .Feinde zu lieben, die andere Wange hinzuhalten, wenn man auf die eine geschlagen wurde, und dem Bösen nicht zu widerstehen. Mit solchen Forderungen ist nach Weber »nicht zu spaßen«: »*ganz* oder gar nicht, *das* gerade ist ihr Sinn«[1]. Ihr Gebot ist absolut und ohne Rücksicht auf die Folgen – daher ein Unding für Politiker, die, wie Weber illusionslos klarstellt, gar nicht umhin können, Macht zu erstreben und Gewalt auszuüben und sich folglich nach einer andern Maxime zu richten haben: »du *sollst* dem Übel gewaltsam widerstehen, sonst – bist du für seine Überhandnahme *verantwortlich*«[2]. Das also versteht er unter Verantwortungsethik: Sich klar darüber sein, daß Politik »mit einem sehr spezifischen Mittel: Macht, hinter der *Gewaltsamkeit* steht, arbeitet«[3], daß anders kein Staat

Bestand hat, daß es daher gilt, diese Macht klug und dosiert anzuwenden in der Bereitschaft, »für die (voraussehbaren) *Folgen* seines Handelns aufzukommen«[4].

Gesinnungsethik ist demnach eine Haltung, die sich's leicht macht: Sie klammert sich an unbedingte Gebote, lehnt »*jedes* Handeln, welches sittlich gefährliche Mittel anwendet«[5], kurzerhand ab, verschließt die Augen vor den Konsequenzen und »stellt den Erfolg Gott anheim«[6]. Verantwortungsethik hingegen rechnet mit den »durchschnittlichen Defekten der Menschen« und macht sich nichts vor darüber, »daß die Erreichung 'guter' Zwecke in zahlreichen Fällen daran gebunden ist, daß man sittlich bedenkliche oder mindestens gefährliche Mittel und die Möglichkeit oder auch die Wahrscheinlichkeit übler Nebenerfolge mit in den Kauf nimmt«[7].

Weber hat es sich nicht so leicht gemacht wie der von ihm entworfene gesinnungsethische Typus – und doch leichter, als die Sache gestattet. Zunächst die Bergpredigt: Ihre Gebote sind in der Bibel zwar ohne Abstriche formuliert, aber macht das schon eine »absolute Ethik«[8] aus? Absolut heißt losgelöst von allem andern, und das sind diese Gebote ganz und gar nicht. Vielmehr nehmen sie deutlich Bezug auf die harte Tatsache, daß, solange dem Feind feindselig, dem Bösen aus seiner Sicht böse begegnet wird, die Kette von Feindseligkeit und Bosheit nicht abreißt. Und was haben sie dem entgegenzusetzen? Etwas, was die Kette endlich abreißen soll, und sie doch nur auf andere Weise fortsetzt: Den Feind ohne Wenn und Aber lieben heißt auch seine Feindseligkeit bejahen. Und eine Verneinung des Bösen, die so weit geht, daß sie sogar den Widerstand gegen das Böse verneint, schlägt in Willfährigkeit gegen alles Böse um. Der Ausweg der Bergpredigt ist keiner. Ihre Gebote sind schlechterdings unerfüllbar – aber nicht, weil sie sich gegen die Wirklichkeit abgeschottet hätten, sondern weil sie ihr allzutief auf den Grund geschaut und allzugut begriffen haben, was Ethik eigentlich müßte und doch nicht kann: den Weg zeigen, der aus dem Reich des sich fortpflanzenden Unfriedens ein für allemal hinausführt, die Methode nennen, die die Kette von Feindseligkeit und Bosheit definitiv abreißt.

Die Bergpredigt offenbart nicht den Weg zum ewigen Frieden, sondern die Unmöglichkeit jeder absoluten Ethik. Daß diese Offenbarung sich nicht herumspricht – darum bemüht sich das Christentum nun schon fast zweitausend Jahre. Die Geschichte der Bergpredigt ist der unablässige Versuch, ihre Gebote erfüllbar zu machen, das heißt ihr den Stachel zu nehmen – angefangen von der hochgeistigen Auslegung der Kirchenväter bis hinab zum geistlosen Vorschlag Franz Alts, mit der Bergpredigt Friedenspolitik zu machen, über den seine CDU-Parteifreunde sich mit Recht amüsieren.[9]

Weber verkennt die Bergpredigt gleich doppelt: Weder ist sie absolut, noch ist sie erfüllbar. Stattdessen hätte sie ihm zeigen können, daß man mit Macht, Gewalt und Intrigen nicht erst zu tun bekommt, wenn man Politiker wird. Erziehung, Familie, Beruf sind kaum weniger davon durchdrungen. Das Reich, wo man gleichgültig gegen alle Folgen sich der Erfüllung absoluter Gebote hingibt, ist ein Niemandsland, in dem am wenigsten Webers Gewährsmänner Jesus von Nazareth und Franz von Assisi wandelten. Denen nämlich war an den Folgen ihrer Handlungen unendlich gelegen, und daß sie bis zur bitteren Neige für ihre Taten einstanden, ist aktenkundig.

Warum aber fingiert Weber ein solches Niemandsland, einen Idealtypus, der nichts als die rücksichtslose Befolgung absoluter Gebote kennt und sich um die Folgen nicht schert? Damit dem Gegentypus, dem Politiker, das Feld der Realität überlassen bleibt. Da soll er nun seines Amtes walten und Macht erringen, aber nicht »um ihrer selbst willen«, sondern im »Dienst an einer *Sache*«, an der »das Handeln inneren Halt« gewinnt. »*Wie* die Sache auszusehen hat, in deren Dienst der Politiker Macht erstrebt und Macht verwendet, ist Glaubenssache. Es kann nationalen oder menschheitlichen, sozialen und ethischen oder kulturlichen, innerweltlichen oder religiösen Zielen dienen«[10]. Über Glaubenssachen aber läßt sich nach Weber nicht wissenschaftlich urteilen. Da hat der eine diese, der andere jene Überzeugung – je nach den Werten, die er gutheißt. Und Werte sind subjektiv, Privatsache. Folglich stehen die Ziele der Politik nicht zur Debatte. Bleiben die Mittel, mit denen man die Ziele durchsetzen will. Wie soll man aber bei denen zu einem objektiven Urteil über gut und schlecht kommen, wenn man sich über die Ziele ein solches nicht erlauben darf? Und vor allem: Wie übernimmt man eigentlich Verantwortung als Politiker? Nimmt man seinen Hut, wenn etwas schief läuft? Geht man in Sack und Asche? Entläßt man ein paar Untergebene? Oder verfolgt man, unbeirrt von allen Rückschlägen, seine Ziele weiter?

Nehmen wir als Testfall Adolf Hitler. War der ein Verantwortungsethiker? Nun, daß er im Dienste einer Glaubenssache Macht erstrebte, wird man nicht leugnen können. Und daß diese Sache eine nationale war, keine menschheitliche, für Rassenkampf und gegen Klassenkampf – wer will es ihm verdenken? So waren nun einmal seine Werte. Und seine politischen Mittel? Als er eingesehen hatte, daß durch einen Putsch nichts zu gewinnen war, erstrebte er die Macht durch demokratische Wahlen. Dagegen ist nichts einzuwenden. Als er die Macht dann besaß, festigte er sie durch Ausschaltung jeglicher Opposition, und wer wollte behaupten, die sogenannte Gleichschaltung aller politischen und unpolitischen Organisationen sei *kein* geeignetes Mittel zur Durchsetzung seiner nationalsozialistischen Ziele gewesen? Ebenso die Verfolgung der Juden, Sinti und Roma: Dem Zweck, die arische Herrenrasse zu etablieren, war das durchaus kein unangemessenes Mittel. Und wie erfolgreich verlief doch der Anschluß Österreichs, die Besetzung der Tschechoslowakei, der Krieg gegen Polen und Frankreich. Noch immer sind die Stimmen zahlreich, die da sagen: Hätte Hitler nach dem Frankreichfeldzug bloß aufgehört und mit aller Welt Frieden gemacht – er wäre als einer der größten Deutschen in die Geschichte eingegangen. Was schließlich die Verantwortung betrifft – hat er sie nicht in guten und bösen Zeiten getragen? Stand er nicht für seine Ziele ein, auch als sein Stern im Sinken war? Haftete er nicht sogar mit seinem Leben für sie? Kurzum, bei Lichte besehen erweist sich Hitler als typischer Verantwortungsethiker.

Natürlich – Max Weber würde sich im Grabe umdrehen. Einen Hitler hat er nun wahrlich nicht gemeint, als er Verantwortungsethik definierte. Daß seine Definition aber auf Hitler zutrifft, zeigt, was sie wert ist. Weil sie auf jegliches Urteil über politische Ziele verzichtet, ist sie so weit und unbestimmt gefaßt, daß nahezu jeder Politiker in ihr Platz hat. Irgendeine Idee, mit der er sein Machtstreben umkleidet, hat noch jeder gefunden. Daß er einzig im Dienste dieser seiner Sache handle und seine politischen Mittel ganz auf sie abstimme, versichert jeder, und verantwortlich zu sein ist ihm ein Bedürfnis, denn das klingt gewichtig und heißt gar nichts, solange nicht klar ist, wer wem wofür in welcher Weise verantwortlich ist. Nicht von ungefähr ist »Verantwortung an sich« zu einem Lieblingskind des politischen Jargons geworden. Früher hieß »die Verantwortung übernehmen« seinen Rücktritt von einem politischen Amt erklären, in dem etwas schief gegangen war. Heute heißt »Verantwortung übernehmen« aktiv in die Politik einsteigen, und ist man erst einmal drin, dann nimmt man seine Verantwortung wahr, indem man im Amt bleibt und daselbst alles Mögliche verantwortet: Waffenlieferungen in Krisengebiete, krumme Wege der Parteienfinanzierung oder Ganovenstreiche bei der Terrorismusbekämpfung.

Dies alles hat Weber nicht gewollt. Sein Plädoyer für Verantwortungsethik stand unter dem Eindruck der russischen Revolution, die eine neue, bessere Gesellschaftsordnung auf ihre Fahnen geschrieben hatte und doch politische Maßnahmen ergriff, die sich von der alten kapitalistischen Machtpolitik qualitativ nicht unterschieden. »'Jeder Staat wird auf Gewalt gegründet', sagte seinerzeit Trotzkij in Brest-Litowsk. Das ist in der Tat richtig.«[11] »Sehen wir nicht, daß die bolschewistischen und spartakistischen Ideologen, eben weil sie diese Mittel der Politik anwenden, genau die *gleichen* Resultate herbeiführen wie irgendein militaristischer Diktator?«[12] Daran hat Weber gelitten. Daß auch dem besten politischen Zweck nicht die Kraft innewohnt, die Mittel zu seiner Durchsetzung zu heiligen, wohl aber den Mitteln die Kraft, ihren Zweck zu diskreditieren statt zu erreichen, so daß auch die Führer der russischen Revolution in das Gewaltverhältnis von politischen Mitteln und Zwekken eingespannt blieben, das sie gewaltsam aus der Welt schaffen wollten – das hat ihn resignieren lassen. Die moderne Gesellschaft, so seine Folgerung, ist ein »stählernes

Gehäuse«, aus dem keine Revolution hinausführt und in dem nur virtuoses Jonglieren zwischen Mitteln und Zwecken überleben läßt. Politische, moralische, religiöse Ziele kann jeder haben, wie er will – das Gehäuse brechen sie doch nicht auf. Müßig daher, über ihre Wahrheit zu urteilen; die ist durch Vernunft nicht zu ermitteln: Glaubenssache. Wer auf irgendeinem solcher Ziele kompromißlos besteht, unterschätzt nur die Härte der Realität und kalkuliert die Folgen seines Handelns nicht ein.

Das ist dicht an der Wahrheit und stellt die Dinge doch auf den Kopf. *Weil* die moderne Gesellschaft den Charakter eines stählernen Gehäuses angenommen hat, sind alle revolutionären Ziele, die seinen Zwang sprengen sollen, unvernünftig bis belanglos? Und *weil* derjenige, der kompromißlos auf einem solchen Ziel beharrt, von einer Wirklichkeit umgeben ist, die ihm den Weg dahin versperrt, ist er wirklichkeitsfremd? Umgekehrt! Weil die Welt tatsächlich zum Zwangsgehäuse geworden ist, ist nichts vernünftiger und belangvoller, als dies selbstgemachte Verhängnis auch selbst aufzubrechen. Und weil die Wirklichkeit durch das Wirtschaftsgesetz der modernen Gesellschaft auf eine globale Katastrophe zugetrieben wird, ist nur der *nicht* wirklichkeitsblind, der an dem Ziel festhält, dieses Zwangsgesetz aufzubrechen.

Wer freilich das geltende Wirtschaftsgesetz in den Rang eines Naturgesetzes erhoben hat, für den zählt das nicht, für den heißt sich gegen den Weltlauf stemmen soviel wie gegen die Schwerkraft kämpfen. Das tun nur Phantasten und Fanatiker, und der Gesinnungsethiker, den Weber sich vorstellt, ist entweder das eine oder das andere. Zugegeben, daß *auch* Phantasten und Fanatiker kompromißlos auf ihren Zielen beharren, aber daß *nur* Phantasten und Fanatiker das tun, ist unwahr: keine wertfreie Feststellung, wie Weber meinte, sondern politische Denunziation.

Weber hat seine Unterscheidung zwischen Gesinnungs- und Verantwortungsethik eher melancholisch getroffen. Seine Nachbeter heute wiederholen sie eher selbstzufrieden – dankbar, daß sie ihnen ein Kriterium für sinnvolles und sinnloses Handeln an die Hand gibt. Wie äußerte doch kürzlich der Historiker Hillgruber: Die »Männer des 20. Juli, die sich in außenpolitisch längst aussichtsloser Konstellation zum Attentat auf Hitler entschlossen«, nahmen eine »gesinnungsethische Haltung« ein, die »Befehlshaber, Landräte und Bürgermeister« hingegen, die »einen schwachen Schleier von Sicherungen an der ostpreußischen Grenze aufzubauen« versuchten, »um das Schlimmste zu verhindern: die drohende Orgie der Rache der Roten Armee«[13] – das waren natürlich Verantwortungsethiker. So schafft man sich im Handumdrehen Orientierung für Geschichte und Gegenwart. Widerstand gegen Hitler, gegen die Nachrüstung, gegen die Fortsetzung der Kernenergiewirtschaft, gegen den parlamentarischen Parteien- und Koalitionsklüngel – dies alles rückt so unversehens auf die gleiche gesinnungsethische Linie: gut gemeint, aber realitätsuntüchtig. Nichts gegen humane Ziele – die haben Viele. Aber es kommt darauf an zu lernen, daß es auf diese Ziele nicht ankommt. Wer das gelernt hat, darf sich Verantwortungsethiker nennen und ist reif für große Politik. Sein Opportunismus hat ein gutes Gewissen.

Nachweise und Anmerkungen

1 M. Weber, Politik als Beruf, Gesammelte Politische Schriften, Tübingen[5]1988, S. 550
2 M. Weber, a. a. O., S. 551
3 A. a. O., S. 550
4 A. a. O., S. 552
5 A. a. O., S. 553
6 A. a. O., S. 551
7 A. a. O., S. 552
8 A. a. O., S. 550
9 Vgl. F. Alt, Frieden ist möglich. Die Politik der Bergpredigt, München 1983
10 M. Weber, a. a. O., S. 547 f.
11 A. a. O., S. 506
12 A. a. O., S. 550
13 A. Hillgruber, Zweierlei Untergang. Die Zerschlagung des Deutschen Reiches und das Ende des europäischen Judentums. Berlin 1986, S. 20 f.

Identitätsverlust und Identitätskult

Wenn bei besinnlichen Anlässen Politiker oder Geistliche darüber klagen, daß hierzulande der Identitätsverlust bedenkliche Ausmaße annehme, so wollen sie damit offenbar nicht sagen, daß immer mehr Menschen ihren Personalausweis verlieren. Denn an die Identität, die der Ausweis, also die Identitätskarte beschert, haben sie dabei gar nicht gedacht. Und doch ist das die nächstliegende: Fritz Müller, 1,80 m groß, blond, blauäugig, mit eindeutigem Geburtsdatum, Wohnsitz und Paßfoto – das sind Angaben, die einen Menschen als diesen unverwechselbaren, identischen ausweisen sollen, und je mehr solcher Angaben, desto identischer ist er. Blonde, blauäugige, 1,80 m große und Heiligabend 1950 geborene Fritz Müller gibt es vielleicht eine ganze Reihe, aber die wenigsten von ihnen werden zugleich Abteilungsleiter sein, in Scheidung leben, einen Ferrari fahren und auch noch 30 000 DM Schulden haben. Diese Kombination dürfte einzigartig sein und es leicht machen, den einen Fritz Müller unter allen anderen herauszufinden.

Daher ist kaum eine Erfindung der letzten Jahre so identitätsstiftend gewesen wie der Computer. Keiner vermag so wie er die Kombination von Merkmalen, die eine Person einzigartig machen, unbestechlich und fälschungssicher aufzubewahren und dafür zu sorgen, daß wirklich jeder er selbst ist, daß der unbescholtene Bürger nicht mit dem Verbrecher gleichen Namens verwechselt wird, der Ausländer nicht mit dem ihm ähnlich sehenden Deutschen. Daß die Menschen hierzulande noch nicht in den vollen Genuß dieser ihrer Identität gelangt sind, liegt lediglich an den gesetzlichen Beschränkungen, die vorerst verhindern sollen, daß alle Behörden, bei denen Personaldaten gespeichert sind, sich umstandslos kurzschließen. Nur deswegen war eine Volkszählung erforderlich, deren identitätsfördernder Charakter viel zu wenig gewürdigt wurde, und deswegen hat auch das Vermummungsverbot seinen guten Sinn: Es schützt die Demonstranten davor, zu anonymen, austauschbaren Massenwesen zu werden und gibt jedem von ihnen die Chance, auch in einer großen Menschenmenge er selbst zu bleiben – als dieser einzelne, unverwechselbare Demonstrant.

Wie kommt es also, daß bei so viel öffentlicher Identitätsförderung über Identitätsverlust geklagt wird? Offenbar, weil das Wort Verschiedenes bedeuten kann. Die Identität, die da gefördert wird, ist nicht die, deren Verlust man fürchtet. Und doch hängen beide zusammen: das Erblühen der einen mit dem Verlust der anderen. Das Geflecht von Daten und Merkmalen, das eine Person als diese identische ausweist, besagt nämlich nichts darüber, wie diese Person selbst mit der Tatsache zurecht kommt, ein solches Geflecht darzustellen, und je plastischer die Identität, die dieses Geflecht ihr verleiht, desto deutlicher wird, worin eigentlich noch ihr Ich besteht. Es verflüchtigt sich zusehends zum anonymen Punkt, in dem eine gewisse Summe von Daten und Merkmalen zufällig zusammenläuft und ist als eine eigene Instanz oder gar als Wesenskern der Person immer weniger kenntlich.

Denjenigen, die ihre Stimme gegen den Identitätsverlust erheben, ist es denn auch um sogenannte Ich-Identität zu tun. Nicht von außen, durch toten Personalausweis, sondern von innen, durch die lebendige Person, soll Identität hergestellt werden – nicht als ein bloßes Bündel von Merkmalen und Funktionen, sondern als eigenständige Leistung des verantwortlichen Bürgers, der sich seine vielfältigen Eigenschaften, Erwartungen, Lebensumstände so zu eigen machen soll, daß er lernt, mit ihnen zurecht zu kommen: sie *auszubalancieren*, wie es in der Fachsprache heißt. Wie das geht? Zum Beispiel so: Fritz Müller muß die Überstunden, die sein Abteilungsleiterposten ihm fürs Wochenende auferlegt, mit seinem Wunsch vereinbaren, wenigstens jeden zweiten Sonntag seinen Sohn zu Besuch zu haben, wie er auch die Tilgung seiner 30 000 DM Schulden mit seiner Vorliebe für rasante Autos und dem Bedürfnis abstimmen muß, nach Dienstschluß so schnell wie möglich ins Grüne zu gelangen. Wenn es ihm gelingt, diese Dinge passabel in Einklang zu bringen, statt zur Flasche zu greifen oder den Psychiater aufzusuchen, und er überdies noch Zeit für die Bürgerinitiative zur Erhaltung des Altstadtkerns aufbringt, dann balanciert er aus. Und wo solche Balance erreicht und gehalten wird, da ist Ich-Identität.

Nun scheint es dem Ich allerdings nicht anders zu ergehen als dem Artisten auf dem Drahtseil: Wenn es Balance halten will, braucht es selber einen Halt. Es muß also von einem Inhalt berührt oder erfüllt sein, der wie eine Balancierstange oder ein innerer Schwerpunkt auf es wirkt. Einen solchen Inhalt hatte es früher an der Religion. Deren Fähigkeit, das gesamte Dasein als ein von Gott gefügtes Sinnganzes erscheinen zu lassen, gab den Gläubigen Kraft, die Widrigkeiten ihres persönlichen Lebens in dieses Sinnganze zu integrieren und so mit ihnen fertig zu werden. Seit diese identitätsstiftende Kraft, wie sie das Christentum einst fürs ganze Abendland hatte, durch Aufklärung und Industrialisierung gebrochen ist, hat Ähnliches wie die Religion nur noch die Nation vermocht. Indem sie ein bestimmtes kulturelles Erbe von Sitten und Gebräuchen, von Sprache und Literatur in der Form eines Staates organisierte, gab sie den Seelen, denen das Überirdische verblaßte, im Irdischen einen neuen Halt: eine neue Idee, für die sich zu leben und zu sterben lohnte.

Was aber tun zu einer Zeit, wo die identitätsstiftende Kraft der Nation genauso erlahmt ist wie die der Religion, ohne daß die Menschen eines inneren Halts minder bedürftig wären? Da muß man neue Formen und Inhalte der Ich-Identität finden, und auf der Suche nach solchen hat sich,wie von unsichtbarer Hand gelenkt, so etwas wie ein interdisziplinäres Großforschungsprogramm der Geisteswissenschaften herausgebildet. Dessen Generalfrage lautet: Mit welchen Inhalten kann man sich heute, bei gegebenem Stand der kulturellen und technischen Entwicklung, guten Gewissens identifizieren? Und diese Frage artikuliert sich in jeder Wissenschaft etwas anders. Der Philosoph fragt: Welche Normen und Werte eignen sich am besten zur zeitgemäßen Balance des Daseins? Der Pädagoge fragt: Welche Inhalte befähigen den Zögling am meisten, sich in der Welt zurecht zu finden? Der Theologe fragt: In welcher Gestalt gewinnt das Evangelium heute am ehesten die Herzen? Der Historiker fragt: Wie muß die Vergangenheit dargestellt werden, damit die Gegenwärtigen sich heimisch in ihr fühlen? Allen gemeinsam aber ist, daß ihre Fragestellung sich nur noch graduell, nicht mehr prinzipiell von der eines Werbepsychologen unterscheidet, der bekanntlich dazu da ist, eine Sache so zu präsentieren, daß möglichst viele sich mit ihr identifizieren können.

Betrachten wir den neuen deutschen Historikerstreit unter werbepsychologischem Aspekt, so offenbart sich sogleich sein Kern: Er ist ein Streit um Identität. Die einen sagen: Die Idee der Nation ist durch den Nationalsozialismus derart kompromittiert, daß sie dem Ich einen inneren Halt nicht mehr zu geben vermag. Daher müssen andere Inhalte als Identitätsstifter aufgebaut werden: die demokratische Verfassung oder die Menschenrechte. Die anderen sagen: Wohl ist die Nation kompromittiert, aber es gibt keine Alternative zu ihr. Die Religion liegt zu sehr darnieder, und etwas so Trockenes, Sprödes wie die Verfassung – man bedenke: Juristensprache – wird nie identitätsstiftende Kraft gewinnen, nie bis in die Herzen der Menschen vordringen. Also bleibt nichts als der maßvolle Wiederaufbau der Nation als Identitätsstifter, und damit sie diese Rolle spielen kann, ist ihre Geschichte in ein Licht zu rücken, welches auch ihre Schattenseiten zu akzeptieren gestattet. Diese beiden Positionen, für die man die Namen Habermas und Stürmer, vielleicht auch SPD und CDU einsetzen kann, sind unvereinbar genug, um den Streit über die Geschehnisse im Dritten Reich und ihre Auslegung noch lange in Gang zu halten – und doch sind sie einig im Ziel: Eine neue deutsche Identität muß her, und die stiftet am besten der Inhalt, der am besten mit der Vergangenheit zurechtkommen läßt. Auf beiden Seiten wird denn auch der Inhalt, den man für den besten hält, weniger durch Wahrheitsprüfung ermittelt als durch Eignungstest – ganz unverhohlen bei Stürmer, der für die Nation plädiert, weil er nur ihr noch »höhere Sinnstiftung« zutraut, entschieden verhohlener bei Habermas, der sich einzig von der demokratischen Verfassung die identitätsstiftende Kraft verspricht, die die Deutschen heute bräuchten, um an die besseren Traditionen ihrer Geschichte anknüpfen zu können – als sei von diesen besseren Traditionen nicht schon im vorigen Jahrhundert das Hohle und Zwiespältige aufgedeckt worden, das Demokratie und Menschenrechten anhaftet, solange sie dem kapitalistischen Wirtschaftsgesetz, gegen dessen Unbarmherzigkeit sie Einspruch erheben, zugleich auch zur Durchsetzung verhelfen.

Die Gewinnung von Ich-Identität entpuppt sich bei näherem Hinsehen als ein mehr oder weniger bemänteltes funktionales Verfahren. Das Ich, das die in Frage kommenden identitätsstiftenden Inhalte sichtet wie Bewerbungsunterlagen und sich schließlich für den Inhalt entscheidet, der am besten in den Zusammenhang seiner Fähigkeiten, Erwartungen, Lebensumstände paßt, verfährt kaum anders als ein Betriebsleiter, der seinen Personalchef der Belegschaft gemäß aussucht. Ich-Identität als Balanceakt, also als Leistung der Geschicklichkeit, Organisation, Koordination – das ist eine Art Seelenmanagement, für das der identitätsstiftende Inhalt das angemessene Betriebsklima liefert. Das Ich, das sich dabei als integrative Kraft profiliert, indem es zwischen verschiedensten Funktionen Balance hält, ist selbst bloß eine Funktion; in all seiner Selbsttätigkeit ist es doch nicht bei sich selbst. Denn wie gewinnt es Identität? Durch Identifikation. Die aber ist, wie schon Freud wußte, die »Angleichung eines Ich an ein fremdes«, also der Inbegriff von Fremdbestimmtheit. Nun ist es zwar klar, daß niemand ohne Identifikation erwachsen wird; nur an anderen, Eltern, Erziehern, Vorbildern bildet sich zunächst eigene Orientierung. Ebenso klar ist aber, daß man erwachsen nur so weit wird, wie man über Identifikation hinausgelangt, die Fremdbestimmtheit abstreift. Hier aber soll das Ich nur es selbst sein, wo es sich Fremdem angleicht: einem identitätsstiftenden Inhalt. Diesem wächst dabei der Status funktionalisierter Religion zu, gleichgültig, ob er von Jesus, der Nation oder den Menschenrechten handelt. Denn das Ich soll sich zwar mit ihm identifizieren wie einst die Gläubigen mit dem Dogma – aber nicht aus Ehrfurcht vor seiner unbedingten Wahrheit, sondern aus Einsicht in seine psychologische Leistungsfähigkeit. Was er austrägt für die optimale innere Balance, als Funktion in der Seelenökonomie – darauf kommt es an.

Es zeigt sich: Die innere Identität, die sich durch Ausbalancieren herstellt, ist der äußeren, die der Personalausweis oder Computer verzeichnet, keineswegs so zuwider, wie es zunächst scheinen mußte. Als Koordinator ihrer eigenen Daten und Merkmale behandelt sich die Person von innen genauso, wie sie von außen behandelt wird. Sie akzeptiert sich als das Bündel von Eigenschaften und Funktionen, zu dem der Zwang zur Wirtschaftlichkeit sie stempelt, und nimmt dies Bündel selber in Regie, haucht dem Geflecht toter Personaldaten Leben ein, indem sie sich zum lebendigen Personalausweis ihrer selbst macht. Die Kultivierung der inneren Identität ist der Kult der äußeren: die humane Aura des inhumanen Identifikationsprozesses, der die Menschen zunehmend zu den Akten legt.

Die innere und die äußere Identität sind zusammen die falsche. Die wahre, unverkürzte gäbe es erst dort, wo nicht mehr Identifiziert-Werden und Sich-Identifizieren sie stiftet, sondern ungegängeltes Sich-Entfalten: im Zusammenstimmen der Individuen mit der Gesamtheit ihrer Lebensbedingungen und -äußerungen. Solche Identität verweigert der bestehende Weltzustand radikal. Um nicht an ihm irre zu werden, ist es zwar dringlicher denn je, Leib, Seele und Geist so gut wie möglich beisammen zu halten. Doch das ergibt nur die Bedingung erfüllter Identität, nicht schon sie selbst. Die Verwechslung beider ist folgenreich. Sie dient dem Kult der falschen Identität, treibt den Gedanken an die wahre aus und trägt dazu bei, die Menschen mit der Unversöhntheit ihres Daseins zu versöhnen.

Maß und Maßlosigkeit

Wer will schon einseitig informiert werden? Nur aus der Sicht der Unternehmer, der FDP, des Vatikans; oder nur aus der Sicht der Grünen, der Gewerkschaften, der Evangelischen Studentengemeinden? Kann man da nicht froh sein, daß die Verantwortlichen für Presse, Rundfunk und Fernsehen auf Ausgewogenheit der Information bestehen? Exponierte Standpunkte nie einseitig verbreiten, immer auch die Gegenseite zu Wort kommen lassen – in diesem Grundsatz scheint beste abendländische Tradition fortzuleben: die alte griechische Tugend der *sophrosyne*, der besonnenen Mäßigung. Sich von seinen Trieben weder nach dieser noch nach jener Seite fortreißen lassen, stets Herr seiner selbst sein und sich in der Gewalt haben: das verlangte Platon nicht etwa nur vom Individuum, sondern vom ganzen Staat.

Er würde sich wundern über die Heutigen, die seine Forderung auf erstaunliche Weise beherzigen. Wo man auch hinschaut, überall herrscht besonnenes Maß. Wenn in den alljährlichen Tarifverhandlungen beispielsweise die Gewerkschaften 4 % Lohnerhöhung fordern und die Arbeitgeber 2 % bieten, man sich schließlich auf 2,9 % und eine neue Urlaubsregelung einigt, dann hat über die extremen Standpunkte die Besonnenheit gesiegt und jenes maßvolle Ergebnis gezeitigt, das beide Seiten gerade noch verantworten können, beiden das Gesicht wahrt und im wesentlichen alles so läßt wie bisher. Ganz ähnlich stellt sich die Ausgewogenheit der Information her. Keine Regierungserklärung, ohne daß die Stellungnahme der Opposition verbreitet wird, kein Staatsbesuch, ohne daß alle Parteien öffentlich ihren Senf dazugeben, keine Demonstration, ohne daß die von Veranstaltern und Polizei gemeldeten Teilnehmerzahlen in den Nachrichten gegenübergestellt werden, keine Sendung aus der katholischen Welt ohne eine aus der evangelischen. Die politische Öffentlichkeit ist der Staranwalt von Ausgleich und Maß. Und was erreicht er? Dasselbe wie die Tarifverhandlungen: Es geht immer so weiter.

Die tägliche Berieselung mit Informationen und Sensationen, die keinen mehr ernstlich aufrüttelt, ist längst Teil jener gigantischen Gesellschaftsmaschine geworden, die einzig läuft, weil ihr Stillstand die Katastrophe wäre. Das Prinzip dieser Maschine ist die Maßlosigkeit. Sie ist ein Koloß, der nur dann nicht stirbt, wenn er beständig wächst, der schon, wenn er kränkelt – was man Wirtschaftskrise nennt und so sicher wiederkehrt wie der nächste Schnupfen –, zahllose Menschen ins Elend reißt und sie um so bereitwilliger die stumpfsinnigste Arbeit verrichten läßt – nur damit er sich erholt und sie arbeitsfähig bleiben. Er wächst nur durch ständigen Verschleiß von Menschen und Dingen, läßt Scharen derjenigen verhungern, denen nicht gestattet ist, zu seiner Ernährung beizutragen, zählt die Verschmutzung von Luft und Gewässern ebenso zu seinen Existenzbedingungen wie das Führen von Kriegen, die bekanntlich, wenn sie nicht gerade vor der eigenen Haustür stattfinden, ganze Industrien erblühen lassen, Arbeitsplätze schaffen und außerdem für die Zeit nach Kriegsende einen schwungvollen Wiederaufbau verheißen.

Das Wirtschaftswachstum, internationales Prinzip der modernen Gesellschaft, hat nur ein Ziel: weiter wachsen. Insofern ist es Inbegriff der Maßlosigkeit. Doch der Gesellschaftskoloß ist ebenso anfällig wie rücksichtslos, ebenso sensibel wie brutal. Hätscheln und pflegen muß man ihn, damit er auch wirklich wächst, andrerseits sein Wachstum beschneiden, damit es stetig bleibt.

So kommt es, daß man an allen Ecken und Enden auf besonnene Mäßigung trifft. Der ganze bürgerliche Staat ist eine einzige große Mäßigungsanstalt. In seiner Frühzeit hat er die Privilegien des Adels temperiert zur Gleichheit aller Bürger, sodann hat er die Übermacht der Männer gegen die Frauen gemindert, die Rechte der Kapitalisten gegen die Arbeiter, er hat die Kinderarbeit wie den 12-Stunden-Tag abgeschafft und den Lohnabhängigen eine eigene Interessenvertretung gewährt. In diesem Sinne fährt er heute fort: Er mäßigt den Hunger in der Welt durch Entwicklungshilfe, den Raubbau an Naturstoffen durch Umweltschutzgesetze, die militärische Aufrüstung durch Abrüstungsverhandlungen. Selbst die Kriege weiß er zu begrenzen auf bestimmte Konfliktzonen, in denen sie toben können, ohne atomar zu werden.

Indem er ein Exempel der Mäßigung ans andere reiht, betreibt er die besonnene Durchsetzung des Maßlosen: Die Mäßigung des Welthungers ist seine Verewigung, der Umweltschutz das gute Gewissen des Raubbaus, die Abrüstungsvereinbarung ein wichtiger Posten im Aufrüstungskalkül und der begrenzte Krieg der auf Dauer gestellte.

Man muß dieses doppelsinnige Ineinander von Maß und Maßlosigkeit begreifen, wenn man dem Übel an die Wurzel will. In der Protestbewegung der 60er Jahre war zumindest eine Ahnung davon vorhanden. Sie verblaßte in dem Maße, wie der Protest die Form der Alternativbewegung annahm. Daß das Wachstum nicht ewig währen könne, daß es nicht unablässig so weitergehen werde mit der Ruinierung von Wäldern, Wasser, Luft und menschlicher Gesundheit, daß der globale Kollaps vielleicht näher sei als wir meinen – dies alles mündete nicht in einen kritischen Begriff von der Gesellschaft, sondern in eine große Maßhaltekampagne: Laßt ab vom Wachstumsgedanken, begnügt euch mit weniger, verlaßt die hektischen Städte, zieht aufs Land, eßt ungespritzte Nahrung in unverseuchter Luft. Es war der Bußruf der Harmlosigkeit, der in der bestehenden Gesellschaft nichts als Maßlosigkeit wahrnahm und ausgerechnet die Mäßigung dagegen aufrief, mit deren Hilfe der Staat längst die Maßlosigkeit am Leben erhält. Nur daß er nicht maßvoll *genug* sei, wurde ihm letztlich angekreidet.

Daß die Natur keinen Organismus unbegrenzt wachsen läßt, daß das Prinzip des endlosen Wirtschaftswachstums daher etwas Widernatürliches ist, welches gleichwohl wie Naturgewalt wirkt – darin liegt der tiefere Grund für die Sehnsucht nach Erlösung vom Unorganischen, die gleichsam in Schüben über die moderne Gesellschaft kommt.

In der Alternativbewegung, dem ersten großen Schub nach der Wirtschaftswunderzeit, artikulierte sie sich als Aufruf zu organischem, gesundem Leben. Gesundheit galt dabei nicht nur als die nüchterne Vermeidung der bekannten Unart, bei zu wenig körperlicher Bewegung zu viel und zu hektisch zu essen, trinken oder rauchen, sondern wurde zum pathetischen Inbegriff von Ausgleich und Maß. Besonnenes Maß wurde nicht verstanden als etwas durch vernünftige Anstrengung erst Herzustellendes, sondern als etwas, das der Natur immer schon innewohnt. Auf ihre Stimme hören sollte gleichbedeutend mit Gesundheit sein, im Kleinen wie im Großen.

Nach dem Bilde des einzelnen gesunden Körpers sollte auch der Volkskörper gestaltet sein: sich von der widernatürlichen Maßlosigkeit des industriellen Wachstums befreien und zu jenem Maß und Gleichgewicht gelangen, das der unverdorbenen Natur selbst eigen sei. Es liegt in der Konsequenz dieser Gesundheitsweltanschauung, daß sie dem Volkskörper und der nationalen Gesundheit neue Ehre erweist. Sich die ganze Menschheit als einen Körper zu denken, widerstrebt ihr als etwas Überdimensionales, Maßloses, das dem gesunden Maß der Natur zuwider ist. Die Idee der Menschheit mißhagt ihr daher als eine hochfliegende intellektuelle Abstraktion, die des natürlich Gewachsenen ermangelt. Und das Gewachsene ist natürlich das Heimatliche, Volkstümliche oder Nationale.

Daß die wirkliche Natur ihr gesundes Gleichgewicht durch Krankheit und Seuchen, Fressen und Gefressenwerden herzustellen pflegt, was für die Betroffenen so gesund und bekömmlich nicht ist, blendet der alternative Naturbegriff freilich aus. Seine Stilisierung der Natur zur Idylle von Gesundheit und Ausgewogenheit macht deutlich, daß Maß auch noch etwas anderes als Mäßigung bedeuten kann: Norm. Das besonnene Maß, das angeblich in der Natur selbst steckt, soll zugleich der Maßstab, die Norm verantwortlichen Handelns sein.

So hat die Alternativbewegung, die doch aus dem verneinenden Geist des Protests gegen Kernkraftwerke entstand, durch ihren rosigen Naturbegriff unversehens die unbekümmerte Bejahung von Normen und Werten wieder gesellschaftsfähig gemacht und damit den Neokonservativen kräftig vorgearbeitet, die heute mit dem erneuten frischfröhlichen Bekenntnis zu Leistung und Eigeninitiative, zu Familie, Nationalhymne und Gott die aus dem Gleis geratenen Verhältnisse ins rechte Maß zurückbringen wollen und unter Maß vornehmlich seelische Festigkeit und Zuversicht durch einen entsprechend eingerichteten Normenkatalog verstehen. Statt der Norm der Gesundheit verkünden sie die Gesundheit aller wachstumsfördernden Normen.

Auch von Ausgewogenheit der Information haben sie ihre eigenen Vorstellungen. Die unaufhörliche Gegenüberstellung von Meinung und Gegenmeinung, das intellektuelle Dauerpalaver und Zerreden von all und jedem soll sein Übergewicht verlieren und in ein gesundes Gleichmaß mit positiver Orientierung und Vertrauensbildung gebracht werden. Von Massenarbeitslosigkeit in der Bundesrepublik etwa darf man dieser Auffassung zufolge schon deshalb nicht reden, weil dieses Wort Angst macht und Angst niemandem hilft. Das sollen sich die Medien gefälligst zu Herzen nehmen. Sie verstoßen gegen den Grundsatz der Ausgewogenheit, wenn sie zu viel Pessimismus verbreiten.

In solchen Zusammenhängen gewinnt der Begriff des besonnenen Maßes, obschon er nach wie vor der Durchsetzung des blinden Prinzips maßlosen Wachstums dient, doch einen etwas veränderten Klang: einen deutlich grelleren Ton gegen alle nörgelnden, zersetzenden Elemente im Lande, die durch Kritisieren, Diskutieren, Reflektieren verhindern könnten, daß die Deutschen erneut zu einer von optimistischen, gesunden Normen geleiteten Schicksalsgemeinschaft zusammengeschweißt werden, als die sie sich in diesem Jahrhundert schon beispiellos bewährt haben.

Platon würde sich wundern, hieß es eingangs, wenn er sähe, wie die Heutigen seine Tugendforderung befolgen. Denn als das besonnene Maß, durch das sich die allgemeine Maßlosigkeit durchsetzt, hatte er sich die Tugend der *sophrosyne* wahrlich nicht gedacht. Sie sollte vielmehr Individuen und Gemeinwesen angehören, in denen die Vernunft ihrer selbst mächtig ist und daher auch in der Lage, alle irrationalen und blinden Regungen an den Zügel rationaler

Zwecksetzungen zu legen. In der Gegenwart ist es umgekehrt: Ein blind wachsender universaler Zweck hat die Vernunft in seinen Dienst gezwungen. Auf ihn soll sie sich besinnen, nicht auf sich selbst. So wird die platonische Tugend des besonnenen Maßes zwar verwirklicht, aber als Karikatur.

Anspruchsdenken

Daß es nicht mehr so weitergehen kann mit der steigenden Arbeitslosigkeit, den steigenden Löhnen und Wahlkampfkosten, der steigenden Zahl von Autos und Verkehrsunfällen, von Partei- und Umweltskandalen, daß folglich eine Neubesinnung, ein gründliches Umdenken dringend an der Zeit sei: das gehört heute schon fast in jede bessere Rede zur Lage der Nation, fehlt in kaum einer guten Predigt, bewegt Stammtische und soziologische Seminare und zeigt, wie verbreitet hierzulande der Wille ist, Mißständen auf den Grund und an die Wurzel zu gehen.

Wo aber hat man anzusetzen? Gibt es so etwas wie ein Grundübel, aus dem all dies Bedenkliche und Bedrohliche erwachsen ist? Namhafte Denker, Mahner und Warner sagen ja. Und zwar warnen sie uns davor, das Grundübel bei anderen zu suchen: bei Politikern und Funktionären, in der Demokratie, Industrie oder in anonymen Sachzwängen. Vielmehr mahnen sie uns, es in uns selbst zu entdecken: in unserm uns viel zu wenig bewußten Anspruchsdenken.

Was ist damit gemeint? Zunächst einmal, daß mit dem Lebensstandard die Ansprüche gestiegen sind. Wer gibt sich heute noch mit einem Schwarz-Weiß-Fernseher, einem Auto mit Zwischengas, einer Wohnung mit Kohleofen und ohne heißes Wasser zufrieden? Wer ist noch ohne Kühlschrank und Waschmaschine? Wer tippt noch auf einer mechanischen Schreibmaschine? Wer geht noch in unbeheizte Schwimmbäder? Wer erträgt ein Jahr ohne Urlaubsreise? Hierzulande die wenigsten. Statt nun aber für diesen Zuwachs an Komfort und Bequemlichkeit dankbar zu sein, nehmen die Bundesbürger ihn selbstverständlich hin und tun so, als müßte es immer so weitergehen.

Und da beginnt das eigentliche Anspruchsdenken: das Mehr-Wollen als man hat als Grundeinstellung zu Natur und Gesellschaft, Arbeit und Freizeit. Eine fatale Haltung: Nicht nur, daß damit Nehmen vor Geben rangiert, Karriere vor Kollegialität, Einkommen vor Familienleben, Ökonomie vor Ökologie; nicht nur, daß alle soziale Tugend, alle Hilfs- und Opferbereitschaft verblaßt – es trübt sich auch der Blick für die Realität, die herbe Enttäuschung für alle bereit hält, die sich verhalten, als sei der Lebensstandard geradezu verpflichtet, sich pausenlos weiter zu erhöhen, als hätten auch die Rentner darauf einen Anspruch, ja sogar die Arbeitslosen, die hierzulande ihre staatliche Unterstützung zuweilen mit einer Selbstverständlichkeit entgegennehmen, als gebe es so etwas überall auf dem Globus.

Denn so liegen nun einmal die Dinge: Noch die Untersten hier sind Privilegierte. Das Selbstverständlichste, nämlich daß jeder über genügend Dinge verfügt, um nicht zu darben, ist alles andere als selbstverständlich in unserer modernen Welt, die sich rühmen darf, Luxus und Komfort auf einen sich selbst permanent überbietenden Höchststand getrieben zu haben. Und wer erinnert uns unsanft daran? Nicht etwa Gewerkschaftsführer, sondern Leute, die eher mit der Gegenseite liebäugeln, unbequeme, von ihrer eigenen Partei nicht immer wohlgelittene Querdenker wie Kurt Biedenkopf oder Oskar Lafontaine.

Wenn solche Leute, die monatlich eher fünfstellige als dreistellige Summen einstreichen, darüber philosophieren, daß Geld und Komfort doch nicht alles sei und zur sozialen Tugend, zur Abkehr vom Anspruchsdenken auffordern, so meinen sie natürlich nicht die drastische Senkung ihrer eigenen Einkünfte, sondern die vielen Konten, auf denen sich schon drastisch weniger als auf ihrem befindet. Die Meditation über Anspruchsdenken als Grundübel hat eine sehr prosaische Funktion: die Unterschiede zwischen Arm und Reich zu bagatellisieren und die Bevölkerung auf Lohnsenkung und härtere Zeiten einzustimmen.

Und dennoch: Nur falsch ist sie nicht. Wer in dieser Gesellschaft aufwächst, findet ein immenses Bildungsangebot vor. Alle Medien und Schulen stehen ihm offen, schier unendliche Möglichkeiten, zu lernen und seinen Interessen nachzugehen, tun sich ihm auf. Je mehr er aber in die Gesellschaft hineinwächst, umso mehr lernt er auch, wozu er all diese Möglichkeiten hat: um sich mit Qualifikationen und Fähigkeiten auszurüsten, die seine Arbeitskraft optimal verkäuflich machen. Denn die Endstation jedes Bildungsgangs heißt Arbeitsmarkt, und dort ist es mit den schier unendlichen Möglichkeiten bekanntlich schlagartig vorbei. Was nützt das fundierteste Wissen über Dinosaurier, wenn es keine bezahlte Stelle abwirft? Was nützt das größte Forschertalent, wenn die Laboreinrichtung fehlt, um es fruchtbar zu machen? Die humanistische Bildung, wenn sie die sichere Arbeitslosigkeit zur Folge hat? Wer kann es sich überhaupt noch leisten, irgend etwas zu lernen, ohne dabei sogleich nach der Endstation des Bildungsgangs zu schielen?

Weil in unserer Gesellschaft die Arbeitskraft Ware ist, bekommt auch das Können und Wissen, das sie in sich aufgesogen hat, immer mehr Warencharakter, ja schon das Aufsaugen selbst ist davon bestimmt. Etwas um seiner selbst willen lernen, sich in eine Sache um ihrer selbst willen vertiefen? Das kommt zwar noch vor, aber kaum mehr ohne den Anstrich des Schrulligen, Versponnenen, nicht ganz Realitätstüchtigen. Es ist die Ausnahme und zeigt daher umso deutlicher die Regel an: daß die Menschen nicht nur mit Haut und Haar, sondern nach und nach auch bis in die Poren der Seele und des Geistes zu Waren und Warenbesitzern werden.

Dieser schleichende, ungreifbare und doch allgegenwärtige Prozeß ist das Lebenselixier des Anspruchsdenkens. Eine Ware hat Anspruch auf Veräußerung, eine Funktion auf Funktionieren, eine Qualifikation auf Anwendung. Das gehört geradezu zu ihrer Definition. Und wenn die Menschen schon durch die bloße Zugehörigkeit dieser Gesellschaft darauf zugeschnitten werden, als Ware in ihr zu fungieren, so wollen sie wenigstens auch als Ware und Warenbesitzer in ihr anerkannt sein: sich so teuer wie möglich verkaufen, sich durch ständige Erhöhung ihres Lebensstandards dafür schadlos halten, daß ihr Dasein bloß das einer Funktion, eines Rädchens im Getriebe ist.

Was sie sich so verschaffen, ist freilich Ersatzbefriedigung. Anspruchsdenken bildet sich, wo der Anspruch auf ungegängelte, nicht funktionale Entfaltung erst gar nicht zum Zuge gekommen ist. Anspruchsdenken ist verhärtete Reaktion von Menschen, deren innerste Erfahrung ist, daß es auf den Menschen nicht ankommt. Nicht Lustprinzip, sondern Frustprinzip herrscht hier. Der vielbeklagte Hauptschulabsolvent etwa, der seine Eltern zum Händeringen und seine Lehrer zur Weißglut bringt, obwohl niemand ihn sichtlich drangsaliert, Mutter für ihn wäscht, kocht und spült, der von Mofa bis Stereoanlage mit allem technischen Komfort ausgestattet ist, ihn mit größter Selbstverständlichkeit hinnimmt, ohne so etwas wie Freude oder Dankbarkeit ernstlich empfinden zu können – er gibt eine Ahnung davon, was es heißt, sich als Ware zu fühlen, als unverkäufliche zumal, und sich für dieses Dasein schon im voraus und solange es geht, schadlos zu halten.

Solche Jugendlichen fühlen ihre eigene Zukunft vorweg. In ihnen bildet sich ein neuer Typus heraus, der weder an materieller Not, mangelnden Bildungschancen noch an besonders schlechter Behandlung im Elternhaus leidet und doch leidet; der sich gegen die Gesamtheit seiner Lebensbedingungen verhält wie das ungeliebte, umhergeschubste Kind, das sich für eine namenlose Enttäuschung rächt, indem es nimmt und zu geben vermeidet, wo immer es kann. Gerade in ihrer Abgestumpftheit sind solche Jugendlichen sensible Seismographen des rasanten Fortschritts, den das Ware-Werden im Seelenleben macht, Vorboten dessen, was auf uns alle zukommt – und daher bestens geeignet, sämtliche faschistoiden Volksinstinkte zu wecken, die Hunger, Entbehrung, Arbeitslager fordern, damit die Youngsters einmal lernen, was Freude über ein Stück Brot und Dankbarkeit für ein Glas Wasser heißt.

Das Anspruchsdenken ist in der Tat fatal – viel fataler als die Mahner und Warner vom Schlage Biedenkopfs oder Blüms meinen. Es ist nämlich authentischer Ausdruck der herrschenden Wirtschaftsform in der Seele – und insofern dieser Wirtschaftsform völlig angemessen: die Gesinnung, die sie verdient. Vertrackt nur, daß das Angemessene zugleich auch unangemessen ist, und das liegt an der Zweideutigkeit der Ware. Verkauft werden ist ihr Sinn, ihre Bestimmung. Auf nichts hat sie so sehr Anspruch wie darauf. Andererseits hat eine Ware auf Verkauf – keinen Anspruch. Man kann gnadenlos auf ihr sitzenbleiben. Bis auf ein paar reiche Erben können sich die Menschen heute zwar nicht mehr aussuchen, ob sie Ware werden wollen oder nicht. Mit ihrem Eintritt in die Gesellschaft ist darüber entschieden.

Aber auf die Ansprüche, mit denen sie sich für diese ungöttliche Vorherbestimmung revanchieren und schadlos zu halten versuchen, haben sie keinen Anspruch. Die Sorte von Erwartungen und Ansprüchen, die das Wirtschaftsgesetz derart systematisch geschürt hat, daß sie zum festen Posten im Seelenhaushalt werden, erfüllt es allenfalls oberflächlich, vorübergehend, selektiv, zufällig. Wo kommen wir hin, wenn jeder nur fordert? Wer weiß, was die nächste Krise bringt? Schon morgen kann alles ganz anders sein. Richtet euch darauf ein.

Wenn Vorkämpfer der sogenannten freien Marktwirtschaft mit wohlsituierten Sorgenfalten vor Anspruchsdenken warnen, so ist das zwar der blanke Hohn – und dennoch haben sie in gewisser Weise recht. Den Erwartungen und Ansprüchen, die diese Gesellschaft weckt, kann sich zwar niemand ganz entziehen. Aber wer sie sich vorbehaltlos zu eigen macht, ist betrogen, noch wo er betrügt. Nicht, daß es ihm zu verdenken wäre, wenn er es leid ist, jede Mark herumzudrehen und sich jede angenehme Zerstreuung zu verkneifen. Nein, wenn schon Ware, Funktion, Rädchen im Getriebe, dann sich auch dafür schadlos halten: mit vollautomatischer Küche, schnittigem Auto, Ski- und Badeurlaub und was es auch sei.

Schlimm genug, wie wenige es sind, die sich solche Entschädigungen wirklich leisten können. Schlimm genug aber auch, was diese Entschädigungen anrichten. Denn wer, der sie genießt oder sich danach sehnt, ist nicht von ihnen bestochen – und zwar im Doppelsinn des Wortes: fasziniert und korrumpiert? Wer läßt sich nicht von ihnen einkaufen und gibt stillschweigend sein Einverständnis zu seinem Dasein als Ware, Funktion, Rädchen, indem er die Entschädigung dafür entgegennimmt? Jedem der vielen, die täglich ihre

Arbeitskraft zu Zwecken anwenden lassen, die sie nichts angehen, ist weitere Arbeitszeitsenkung und Lohnerhöhung herzlich zu wünschen. Aber auch die Durchsetzung der 35-Stunden-Woche führt die Werktätigen nur noch tiefer in das Dasein hinein, für das sie da ein Trostpflaster erhalten. Es ist wie beim ärztlichen Kunstfehler: Noch mit einer Entschädigung in Millionenhöhe ist der Verkrüppelte ums Entscheidende betrogen – und erst recht, wenn er sich Kleckerbeträge erstreiten muß.

Anspruchsdenken schert sich nicht um Ideale, sondern um Mengen. Es will quantifizierbare materielle Vorteile. Übersetzt in wirtschaftlichen Konkurrenzkampf ist es gleichbedeutend mit Rücksichtslosigkeit, übersetzt in Gewerkschaftsforderungen hat es einige soziale Errungenschaften erbracht. In den Tarifverhandlungen kämpft Anspruchsdenken gegen Anspruchsdenken. So knallhart und desillusioniert es auftritt, so selbstquälerisch und blauäugig ist es in anderer Hinsicht. Erwartungsvoll bleibt es an die bestehende Gesellschaft fixiert, deren umhergeschubstes Kind es ist und gegen die es sich verhält wie gegen eine übermächtige, lieblose Mutter, von der es gleichwohl nicht loskommt und alle Zuwendung erhofft. Anspruchsdenken ist selbstverständlich *nicht* das Grundübel dieser Gesellschaft, sondern nur dessen Abklatsch in der Seele. Wer ein bißchen zu lesen weiß, kann aus dem Abklatsch das Original ganz gut entziffern: die Wirtschaftsform, die die Menschen zunehmend zu Anhängseln einer gigantischen Gesellschaftsmaschine degradiert. Sobald es kein Thema mehr ist, ob diese von Menschen gemachte Wirtschaftsform auch durch Menschen wieder verschwinden soll, sobald sie wie eine Naturgegebenheit behandelt wird, mit der man sich nur noch so gut wie möglich zu arrangieren hat, bilden sich abenteuerliche politische Konstellationen. Die Gewerkschaften sind als notorische Kritiker einer Gesellschaft, die den Werktätigen nicht von sich aus gibt, was ihnen zusteht, auch notorische Verfechter des Anspruchsdenkens und damit Abklatsch der Gesellschaft, während die Vertreter der Gegenseite, die Vorkämpfer der marktwirtschaftlichen Entwicklung, mit ihrer Warnung vor den gefährlichen Illusionen des Anspruchsdenkens eine kryptorevolutionäre Parole ausgeben. Denn daß der Kampf für eine vom Warenzwang befreite Gesellschaft einiges von der Verzichtsbereitschaft verlangt, die heutzutage für die Aufrechterhaltung des Warenzwangs gefordert wird, ist leider wahr.

Auf das Entscheidende kommt es nicht an

Drei Generationen Bundesrepublik Deutschland

Wir Nachwuchs-Westdeutschen, die wir etwa so alt wie das Grundgesetz sind, können die NS-Verstricktheit unserer Altvorderen mit noch so guten Gründen, noch so gesicherten Fakten, noch so moralischem Gestus verurteilen, unser Urteil krankt immer an der Blässe des Erfahrungsmangels. Wir haben die Zeit ja nicht erlebt, nie aus Hunger Lebensentscheidungen fällen oder wählen müssen zwischen Emigration, KZ und Front. Wer weiß, wie wir gehandelt hätten. Wo keine Versuchung ist, läßt sich wohl tugendhaft sein. Auch haben wir nicht den Kontrast erlebt, nach Jahren des Schreckens, Darbens und Maulkorbs auf einmal Unantastbarkeit der Menschenwürde, Gleichheit vor dem Gesetz, Freiheit der Person, der Meinung, der Presse, der Religion verbrieft und die ungeheure Geldspritze des Marshall-Plans verabreicht zu bekommen. Diese Kontrasterfahrung hat das Selbstbewußtsein der Bundesrepublik gezeugt. Es war ambivalent von Anfang an, sowohl Selbstbewußtsein im Sinne von Selbstbesinnung – »Was war, darf nie wieder werden« – als auch im Sinne von Selbstsicherheit: »Alles wird wieder gut; wir sind wieder wer.«

Die heute Vierzigjährigen haben diese Kontrasterfahrung nicht gemacht, aber ihre ganze Erziehung ist davon imprägniert. Sätze wie »Ihr wißt gar nicht, wie gut ihr es habt, weil ihr nicht erlebt habt, wie es vorher war« waren ständige, einprägsame Begleiter unserer Kindheit und Jugend. Sie eigneten sich deshalb so gut als Diskussionsabwürger und Mundtöter, weil ja etwas Wahres dran war, und als sich in den 60er Jahren die Diskussion schließlich nicht mehr abwürgen ließ und Rechenschaft über die NS-Vergangenheit gefordert wurde, saßen sie schon zu tief, um nicht Wurzeln zu schlagen. Jedenfalls haben sie die Zeiten des Protests überlebt und erwiesen sich erst kürzlich, anläßlich der Feierlichkeiten zum 40. Jahrestag des Grundgesetzes, als eine Art gemeinsamer Nenner, auf den sich ältere und mittlere Generation, Linke und Rechte in aller Stille geeinigt haben. »Wissen wir überhaupt noch zu schätzen, was wir haben?« lautete der Grundtenor jener Selbstbesinnung, die durch die westdeutschen Medien ging, als hätten Leitartikler und Bundespräsident wechselseitig voneinander abgeschrieben. Gemeinsames Motto: »Was du, ererbt von deinen Vätern, hast, erwirb es, um es zu besitzen.« Das kann man so und so akzentuieren: Entweder nimmt man den bundesrepublikanischen Volkswohlstand und Parteienpluralismus als Beweis dafür, wie sehr wir uns angestrengt haben, das Ererbte zu erwerben, oder man macht eine saftige Skandalchronik auf, die zeigt, wie weit Grundgesetz und Realität auseinanderklaffen. Gleichwohl läuft beides auf dieselbe Pointe hinaus: Das Grundgesetz an sich ist tadellos, nur müssen wir uns im rechten Umgang mit ihm immer wieder seiner würdig erweisen.

Nun wächst aber eine Generation nach, die weder die Kontrasterfahrung unserer Altvorderen gemacht noch ihren Nachhall erlebt hat wie wir; allenfalls noch einen schwachen Nachhall des Nachhalls. Mit »freiheitlich-demokratischer Grundordnung« verbinden die 15-25jährigen nichts Befreiendes, Aufrichtendes, Hoffnung Spendendes mehr, sondern sie erfahren sie nüchtern als das, was sie seit 1949 ist: die herrschende Ordnung. Der muß sich anpassen, wer nicht auf der Strecke bleiben möchte, auf ihrer Klaviatur muß zu spielen wissen, wer nach oben will. Nicht, daß das nicht auch in den 50er Jahren schon so gewesen wäre. Aber es beginnt bei den Jungen mit einer neuen Illusionslosigkeit zu geschehen. Nichts mehr von Aufbaustimmung, nichts mehr von langem Marsch durch die Institutionen – hin zu höheren Zielen. Das Ja zu den Spielregeln der Demokratie gehört zu den Gestehungskosten der eigenen Karriere, und mehr als Karriere ist ohnehin nicht zu erwarten. Eine solidarische Gesellschaft oder ein befriedetes Dasein durch Demokratie? Das versprechen nicht einmal mehr die Wahlkämpfer.

Wem also die Karriere vorab verbaut ist, dem kann auch die Demokratie gleichgültig sein. Sie ist für ihn nicht mehr als der Selektionsmechanismus, der ihn aus dem Rennen geworfen hat, eine bestimmte Verwaltungsform von Reichtum und Armut, Aufstieg und Abstieg, Wachstum und Krise. Schon das dreiteilige Schulsystem, das diese Demokratie pflegt, zeigt an, wie sie die Karten gemischt hat: Etwa ein Viertel, ungefähr so viele, wie die Regelschule besuchen, sind bereits in der Pubertät aussortiert. Ein geregeltes Leben in Lohn und Brot kommt für sie erst gar nicht in Betracht. Das Hin und Her zwischen Sozialamt, Arbeitsamt und kurzfristigen Jobs ist die materielle Grundlage, auf der sie sich charakterlich festigen sollen: zu stabiler Identifikation mit der freiheitlich-demokratischen Grundordnung, zu verantwortungsvollen Mitgestaltern ihres Gemeinwesens.

Die Gesellschaft der Bundesrepublik, die durch ihren Reichtum und ihre Sozialgesetzgebung dafür sorgt, daß die Aussortierten nicht (so) hungern und betteln müssen wie in anderen Kontinenten, sorgt auch dafür, daß ihre Zahl sich immer mehr einem Drittel der Bevölkerung nähert. Ohne Arbeit, ohne Zukunftsperspektive, ohne Halt in einer höheren Idee, für die sich zu leben lohnte, nur mit allerhand Mitteln ausgestattet, sich zu betäuben und zu zerstreuen – Fernsehen, Disko-Musik, Alkohol und anderen Drogen – dürfen die Aussortierten gleichwohl ausgiebig Gebrauch von ihren Grundrechten machen: ihre Meinung frei äußern, sich versammeln, eine andere Partei wählen etc. Und doch wissen sie genau: Dies alles ändert im wesentlichen nichts. Man kann im vollen Genuß aller Menschenrechte stehen und dennoch zum Ausschuß der Gesellschaft gehören.

Nicht dieser Sachverhalt ist neu; neu ist, daß er zu den prägenden Erfahrungen der jetzt Heranwachsenden avanciert. Entsprechend nüchtern nimmt sich ihr Verhältnis zu den Menschenrechten aus: Entweder sie bringen handfeste persönliche Vorteile oder sie sind Phrasen. Wie hoch man sie veranschlagt, hängt mehr von der persönlichen und sozialen Stellung ab als von Grundsatzüberlegungen. Die Grundgesetzgeburtstagsgretchenfrage »Wissen wir überhaupt noch zu schätzen, was wir haben?« wird weniger als Gewissensfrage verstanden denn als Eignungstest: »Zu schätzen wissen« als die Fähigkeit, eine Sache nach Kosten und Nutzen gut zu taxieren.

Dieser Fähigkeit ist es zu danken, daß sich aus der jungen Generation kein nennenswerter Protest gegen die behäbigen Grundgesetzfeierlichkeiten erhob. Für die meisten rechnet sich die freiheitlich-demokratische Grundordnung noch, und der Rest hat mit nichts mehr zu rechnen. Er ist die quantité négligable der Geschäftsuntüchtigen. Doch dieser Rest wächst. Die »große Weigerung«, in den 60er Jahren Parole des politischen Philosophen Herbert Marcuse, wird heute z. T. schon von Kindern und bis zur Selbstzerstörung praktiziert – ohne blassen Schimmer von politischer Philosophie. Leistungsverweigerung, Diskussionsverweigerung, Gehorsamsverweigerung sind in der bundesdeutschen Hauptschule gang und gäbe und greifen auf die höheren Schulen über. Sie sind infantile Trotzreaktionen und verraten dennoch ein sicheres politisches Gespür, gerade in ihrem betont unpolitischen Gestus. Denn Staat, Verfassung, Parteien sind solchen Youngsters einerlei. Zur moralischen Entrüstung über Skandale hier oder das Elend woanders sind sie weder fähig noch willens. Zum einen sind sie vollauf damit beschäftigt, daß sie mit sich ebensowenig anfangen können wie die Gesellschaft mit ihnen, zum anderen gehört die moralische Entrüstung gerade zu jenem politischen Repertoire, gegen das sie sich sträuben. Freiheitlich-demokratische Grundordnung bedeutet ihnen soviel wie Staat, Verwaltung, Kontrolle, Selektion, d. h. Polizei, Lehrer, Jugendamt, Sozialamt, Arbeitgeber. Und Moral ist für sie der Verhaltenskodex, der sich auf dies alles einläßt und damit zu jonglieren weiß: eine höhere Art von Gewitztheit.

Die Weigerung dagegen ist undifferenziert, beschränkt und rücksichtslos egozentrisch – und doch mit einem subtilen Riecher fürs Wesentliche begabt. Ob mit mehr oder weniger Menschenrechten, mehr oder weniger Moral – die Gesellschaftsmühle mahlt weiter, folgt unerbittlich ihren eigenen Gesetzmäßigkeiten, denen keine der praktizierten und propagierten Versionen von Politik und Moral ernstlich beikommt. Das Mißtrauen gegen sie ist pauschal. Was bei Nietzsche vor einem Jahrhundert kühner philosophischer Gedanke war, sedimentiert sich bei Leuten, die sich um Philosophie einen Dreck scheren, zu instinktiver Haltung: Noch jedes Ideal, noch jede Moral ist Betrug. Sich ungegängelt nehmen, was man braucht, statt nach Vorschriften und für Ideale zu leben – das erst wäre Freiheit. Wo diese Haltung Konsequenz gewinnt, zeigen sich die Umrisse der sogenannten autonomen Szene, die in Berlin-Kreuzberg, in der Hamburger Hafenstraße, an der Frankfurter Startbahn West und anderswo von sich reden gemacht hat. Ihre Parole: »nicht für Ideologien, nicht fürs Volk, sondern für ein selbstbestimmtes Leben«[1] – und zwar hier und jetzt. Die Autonomen sind eine kleine Minderheit – und doch bloß das Extrem, worin eine graue Masse von Heranwachsenden, die sich diffus und ungreifbar über die Republik verteilt, die Gestalt eines dezidierten Typus annimmt: Jugendliche, die das Leben vor sich und doch nichts davon zu erwarten haben, die genau spüren, daß sie die ungewollten, umhergeschubsten Kinder dieser Gesellschaft sind und versuchen, sich dafür solange wie irgend möglich schadlos zu halten.

Das Extrem bringt an den Tag, was am Normalfall undeutlich bleibt. Die Autonomen machen auf brutale Weise klar, wie es um Autonomie in dieser Gesellschaft steht. Die Freiheit, zwischen verschiedenen Fernsehprogrammen, Regierungsmannschaften, Fertiggerichten, Religionsgemeinschaften, Berufen etc. zu wählen, ist ein hoch zu schätzendes, hierzulande verwirklichtes Menschenrecht – und gleichwohl eine Farce, weil sie am Entscheidenden nichts ändert: am Zwang, seine Arbeitskraft als Ware auf den Markt zu tragen oder zu verkommen, am Zwang, andere auszustechen oder ausgestochen zu werden, am Zwang, unter die Räder zu kommen oder sich dem Lauf einer gigantischen Maschinerie einzufügen, die Raubbau an allen Naturkräften treibt, durch die sie in Gang gehalten wird, die nicht um des Glücks der Menschen willen notorisch expandiert, sondern um nicht stehenzubleiben, und die, wenn sie ins Stocken gerät, wirtschaftliches Massenelend erzeugt, ohne auch nur ein Menschenrecht außer Kraft zu setzen. »Frei wäre erst, wer keinen Alternativen sich beugen müßte, und im Bestehenden ist es eine Spur von Freiheit, ihnen sich zu verweigern«, heißt es bei Adorno[2], der bestimmt kein Autonomer war und doch ausgesprochen hat, was die Autonomen zu ihren Gewaltaktionen treibt und was Leistungsverweigerung, Apathie, Selbstverkapselung unter Jugendlichen zum Massenphänomen werden läßt: das Bedürfnis, sich ein Quentchen Freiheit zu retten, und sei es um den Preis der Selbstzerstörung.

Karriere machen, sein Schäfchen ins Trockene bringen – das sind die einzigen Erwartungen, die die bestehende Gesellschaft realistisch sein läßt. Wer mehr erwartet, gar Menschheitsziele wie Glück und Wohlergehen auf dem ganzen Globus im Kopf hat, jagt verblasenen Idealen nach. Und davon hat die nachwachsende Generation deutlich weniger als ihre Vorgänger. Wer ihre Reserviertheit gegen Überschwang und moralischen Schwulst, ihre Allergie gegen jedes »Gesülze« beobachtet, muß sich fragen, welche der bundesrepublikanischen Generationen die wirklich erfahrene ist: die, die den Krieg und Wiederaufbau noch mitgemacht hat, oder die, die vom Wiederaufgebauten nichts Höheres mehr erwartet? Unter den Grünschnäbeln und Milchgesichtern, die den Wohlstand ihrer Eltern hinnehmen als sei's Natur, greift kaum weniger als bei ihren aussortierten Altersgenossen ein greisenhaft anmutender Lebensekel um sich. Umfragen, wie Kinder und Jugendliche ihre Zukunft sehen, tendieren quer durch alle Bevölkerungsschichten zum gleichen Resultat: dunkelgrau bis schwarz. Wenn die Älteren und Alten sich die Haare darüber raufen, wie wenig ihr faschismusunerfahrener Nachwuchs die Segnungen der Bundesrepublik zu schätzen weiß, so liegt in der Haltung der Jungen implizit schon die Antwort: Erst wir sind nüchtern genug, um das, was wir haben, wirklich zu schätzen. Wir sind nicht mehr so naiv wie die 40-80jährigen, die anderen und vielleicht auch sich selbst vormachen, eine intensivere Beherzigung des Grundgesetzes könnte uns eine hoffnungsvolle Zukunftsperspektive öffnen. Einübung in die freiheitlich-demokratische Grundordnung ist Einübung in eine perspektivlose Gesellschaft.

Erfahrung steht gegen Erfahrung. Wie es ohne demokratische Grundrechte ist, haben hierzulande nur die Alten erfahren. Vielleicht würden sie sich mit den DDR-Jugendlichen, die von ihrem Staat mehr Demokratie verlangen und für ihre Forderungen zu leiden bereit sind, viel besser verstehen als mit ihren hiesigen Enkeln. Denen dürfte die neue Demokratiebewegung im Osten, die, wie in China, Kopf und Kragen für ihre Ziele riskiert, reichlich blauäugig vorkommen: als wenn dort die Großeltern von hier noch einmal jung geworden wären. Da wird kein Funke von Osten nach Westen überspringen – wie einst in den 60er Jahren, als Vietkong und Ho-Chi-Min für die westliche Protestbewegung Symbole der Befreiung waren.

Es ist entscheidend, ob man demokratische Grundrechte genießt, und doch kommt es auf das Entscheidende in gewisser Hinsicht nicht an. Dies ist das Paradox, das einer vernünftigen Verständigung über Menschenrechte ebenso im Wege steht wie der deutschen Vergangenheitsbewältigung. Paranoid, wer nicht den schlagenden Unterschied zwischen dem Rechtsstaat Bundesrepublik und dem Unrechtsstaat Hitlers sieht. Blauäugig, wer glaubt, 40 Jahre Bundesrepublik hätten das Brecht-Wort über den Nationalsozialismus erledigt: »Der Schoß ist fruchtbar noch, aus dem das kroch!« Desgleichen: Unerfahren, wer die Menschenrechte nicht als hohe humane Errungenschaft zu schätzen weiß. Unerfahren aber auch, wer ihren Status in der gegenwärtigen Gesellschaft nicht einzuschätzen weiß: daß sie sich hier nur am Gängelband höherer Mächte zu entfalten vermögen.

Warum das Bedürfnis, diese Mächte zu begreifen, in der Bundesrepublik bei Jung und Alt traditionell so gering ausgeprägt ist, wäre ein Thema für sich. Solange sie aber unbegriffen bleiben, liegen die Erfahrungen der gestandenen Trümmerfrauen und Kriegsteilnehmer von damals ebenso brach wie die der Kreuzberger Jugendlichen von heute. Dabei ist es doch eigentlich gar nicht so schwer: Daß die Menschenrechte in dieser Gesellschaft notgedrungen Hochstapler sind, daß sie erst halten könnten, was sie versprechen, wenn sie von der Nabelschnur des kapitalistischen Wirtschaftsgesetzes, an der sie aufgewachsen sind, losgemacht werden: braucht es überdurchschnittliche Intelligenz, um das zu begreifen? In dieser schlichten Einsicht kämen die disparaten Erfahrungen von drei Generationen Bundesrepublik auf den vernünftigen gemeinsamen Nenner, auf dem die Illusionslosigkeit nicht resignativ oder zynisch, das Unbehagen am bestehenden Zustand nicht länger geistfeindlich und der Gedanke einer qualitativ anderen Gesellschaft kein verblasenes Ideal mehr sein müßte.

Nachweise

1 Autonomen-Flugblatt, zit. n. Der Spiegel, Nr. 19/1989, S. 118
2 Th. W. Adorno, Negative Dialektik, Gesammelte Schriften Bd. 6, Frankfurt am Main 1973, S. 225

Masse und Minderheit

Bei den Reichstagswahlen im Juni 1932 erhielten die Nazis 37,4% der Stimmen, im November 33,5 %. Das war noch nicht die Mehrheit, genügte aber, um an die Macht zu kommen und auf diesem Weg zur Mehrheit. Oder sollte die siegestrunkene Masse, die Hitler nach dem Frankreich-Feldzug, nach sieben Jahren nationalsozialistischer Herrschaft zujubelte, *nicht* die Mehrheit gewesen sein? Der Glaube, daß zwar viele einzelne in diesem und jenem irren können, aber doch nicht Millionen Menschen auf einmal und in derselben Sache, daß die Massenhaftigkeit und Intensität ihres Wollens vielmehr einen spontanen Instinkt fürs Richtige verrate – dieser Glaube müßte spätestens seit der durch den Gang des Dritten Reichs erteilten Lehre unter Strafe gestellt sein. Er ist es natürlich nicht, denn von ihm lebt die Demokratie, wie sehr er sie seither auch kompromittiert. Daß eine gute Staatsform noch nicht erfunden, die Demokratie aber die beste aller schlechten sei: angesichts der Atomgefahr gerät dieses Bonmot zur Ausrede. Die ersten Atombomben warf eine Demokratie. Selbst die Mehrheit ist kein sicherer Schutz gegen das Schlimmste, und das Schlimmste macht alle Staatsformen gleich. Es spielt für die Katastrophe keine Rolle, ob ein Mehrheitsvotum oder diktatorische Anordnung sie einleitete. Und vom Extremfall aus wird deutlich, daß auch im politischen Alltag beide gar nicht so schrecklich weit auseinanderliegen.

Denn was ist die Mehrheit? Ein Quantum von Werktätigen und Arbeitslosen, Lohn- und Diätenempfängern, Christen und Fußballfans, Gewerkschaftern und Unternehmern,

Jungen und Alten, Frauen und Männern – kurzum, jene Ansammlung, von der Le Bon schon vor dem Ersten Weltkrieg schrieb: »Welcher Art auch die sie zusammensetzenden Individuen sein mögen, wie ähnlich oder unähnlich ihre Lebensweise, Beschäftigung, ihr Charakter oder ihre Intelligenz ist, durch den bloßen Umstand ihrer Umformung zur Masse besitzen sie eine Kollektivseele, vermöge derer sie in ganz anderer Weise fühlen, denken und handeln, als jeder von ihnen für sich fühlen, denken und handeln würde. Es gibt Ideen und Gefühle, die nur bei den zu Massen verbundenen Individuen auftreten oder sich in Handlungen umsetzen.«[1] In der Masse nämlich neigen die Individuen zur Regression, d. h. zur Rückbildung ihrer intellektuellen Errungenschaften, Besonnenheit und Urteilskraft, und zur Hervorkehrung unbefriedigter, unbewältigter Triebe und Wünsche, weil »bei der Anonymität und demnach auch Unverantwortlichkeit der Masse das Verantwortlichkeitsgefühl, welches die Individuen stets zurückhält, völlig schwindet.«[2]

In der funktionierenden Demokratie geben sich Verantwortlichkeit und Unverantwortlichkeit ihr schönstes Stelldichein vielleicht am Wahlsonntag. Kein Tag, an dem das Volk, der Souverän, so viel Verantwortung für sein Geschick zeigt wie an ihm; aber auch kein Tag, an dem der Souverän derart Masse ist, sich fühlt und handelt, wie er alltags sich nie fühlt und handelt, einen Wust unbefriedigter Wünsche, infantiler Identifikationen und halbgarer Überlegungen in Form eines politischen Votums loslassen und damit für die nächsten Jahre alle Verantwortung von sich wälzen darf. Der Stimmzettel ist ein Ventil. Abgegeben wird er in der Überzeugung, daß die bestehende die beste aller Staatsformen ist und Organisationsform einer Massen-, nicht einer Klassengesellschaft. Gruppierungen, die das ernstlich bezweifeln, betrachten ihre Teilnahme an Wahlen gewöhnlich als Durchgangsphase, als Stärkungsmittel, um dermaleinst etwas anderes zu veranstalten als Wahlen. In den satten Ländern bilden sie eine verschwindende, chancenlose Minderheit.

Die Demokratie funktioniert – gerade dadurch, daß der Souverän Masse ist, nämlich Manövriermasse der gewählten und wiederzuwählenden Repräsentanten. Es ist die gleiche Art von Kalkulation, die der Stimmen- und die der Aktienmehrheit gilt. Die Bedürfnisse der Individuen sind ein psychologischer Rechnungsposten. Reklame und Propaganda gehören zum Innersten der Demokratie. Der Wahlkampfetat ist ihr Wahrzeichen. Freilich kommt es darauf an, die Stimmberechtigten nicht merken zu lassen, wie sehr sie Masse sind. Nur solange man sie als mündige Bürger anspricht, sind sie Stimmvieh. Dazu ist nichts geeigneter als die Massenmedien. Sie bedürfen der Menschenzusammenballung auf großen Plätzen oder in den Stadien nicht mehr. Sie kommen ins Haus und kultivieren damit einen Doppeleffekt, den das Fernsehen auf die Spitze treibt: die Individuen in einer überdimensionalen, unüberschaubaren Masse versinken zu lassen und sie zugleich davon zu isolieren. Jeder für sich hat auf der Mattscheibe die Welt zu Gast, jeder ist persönlich beteiligt, angesprochen, aufgerufen, jeder soll sich sein höchsteigenes Urteil bilden. Vor jeder Glotze hockt ein Souverän. Und ohne die tägliche Schmeichelei, die der Apparat auf die Menschen ausübt, würden sie nicht aushalten, was er ihnen täglich antut. Er macht sie zu einer Masse, die, auf unzählige Wohnzimmer verteilt, sich als Masse nicht mehr wahrnimmt, als Masse nicht mehr reagieren kann, zur spontanen Zusammenrottung mit unberechenbarer Eigendynamik, von der früher einmal wirkliche Gefahr für die Herrschenden ausging, die Kraft nicht mehr aufbringt, so etwas wie eine »Kollektivseele« gar nicht mehr auszubilden vermag, sondern sie durch das Medium eingeblasen bekommt. Durch den Fernseher wird die Vermittlung von Allgemeinem und Einzelnem, wie die Demokratie sie erfordert, täglich geleistet. Seine Klientel, die atomisierte Masse, ist denn auch der Stoff, aus dem sich zwischen christlich, liberal und sozial bis zum jüngsten Tag ständig wechselnde Mehrheiten bilden lassen: die materielle Grundlage einer lebendigen und dauerhaften Demokratie. Ihr authentischer Repräsentant ist nicht der Bundespräsident, sondern der mündige Fernsehzuschauer. Nicht nur repräsentiert er, was die Mehrheit allabendlich freiwillig tut, ohne sich dadurch nur einen Zentimeter näher zu kommen. Er stellt auch den abstrakten Typus Mensch dar, aus dem die jeweilige politische Mehrheit sich zusammensetzt. Sie ist keine Vereinigung, die sich selbst konstituiert, sondern ein Quantum, das durch Auszählen festgestellt wird. Sie handelt nicht, sondern läßt handeln, gibt einen Auftrag zur Machtausübung, den von einem Alibi klar zu unterscheiden niemand mehr in der Lage ist, fällt danach ins Ungreifbare zurück, bis sie beim nächsten demokratischen Anlaß durch erneutes Auszählen wieder für einen Moment greifbar wird. Was die Mehrheit außer Manövriermasse noch ist, was sich an konkreten Erfahrungen und Schicksalen hinter ihr verbirgt, ist schwer zu ergründen. Die Meinungsforschungsinstitute, die es versuchen, werden kaum fündig, solange sie Äußerungen des Fühlens und Denkens registrieren wie der Wahlmodus den politischen Willen: durch multiple choice. Man darf ankreuzen.

Die Mehrheit ist ein Nobody, unergiebig daher, auf ihr herumzuhacken. Es trifft niemanden. Die Aversion gegen die Masse, den Pöbel, den Mob hatte bei Denkern von Format wie Hegel, Schopenhauer, Nietzsche zwar immer das Wahrheitsmoment, die Augenwischerei vom souveränen Volkswillen in der bürgerlich-kapitalistischen Demokratie bereits zu durchschauen, noch ehe sie zur vollen Entfaltung kam. Sie hatte aber auch immer das Mißliche, von eben jenen bürgerlich-kapitalistischen Bedingungen, die so etwas wie Mob und Masse systematisch produzieren, beharrlich abzusehen. Wer jedoch nicht davon absieht, gerät in den Zwiespalt, in dem schon Marx sich befand, der gelegentlich grob auf die Masse geschimpft und doch wie vielleicht kein zweiter geistig für sie gearbeitet hat: dafür, daß sie aufhöre, Masse zu sein. Das zwiespältige Verhältnis zur Masse gehört seither zur Signatur verantwortlichen Denkens. Jede Schmeichelei gegen die Masse ist Kumpanei mit den ökonomischen Bedingungen, die sie zur Masse machen. Aber jede Absonderung von der Masse, die sich nicht als Vorform einer neuen Brüder-Schwesterlichkeit zu verstehen zu geben sucht, ist Arroganz.

Der Mehrheit ist zu kündigen – aber nicht zugunsten einer Minderheit, Clique, Diktatur, sondern, so paradox es klingt, zu ihren eigenen Gunsten. Nicht nach politischen Mehrheiten schielen ist gegenwärtig die einzige Form, der Idee einer Mehrheit, die als Assoziation freier Individuen den Gang der allgemeinen Angelegenheiten souverän regelt und dazu keiner Propaganda, Parteien, Lobbies, Gangs und Konkurrenz bedarf, den gebührenden Respekt zu bewahren. Der Gedanke an eine solche Mehrheit schwingt unweigerlich mit, wo der bestehenden rückhaltlos die Rechnung aufgemacht wird. Freilich kommt er gegen die bestehende nicht auf. Mehrheit, die diesen Namen verdient, ist kompromittiert und verstellt durch das, was sich zur Mehrheit aufgespreizt hat, und letztere begreift nicht oder will nicht wahrhaben, wie sehr sie selber schon als Treibstoff einer kollektiven Fahrt in Richtung Katastrophe fungiert. Andernfalls müßte sie sich geradezu danach drängen, jene andere Mehrheit zu werden, die ihres Begriffs nicht spottet, und ob die sich dann Demokratie, Verein freier Menschen oder sonstwie nennt, wäre ein terminologisches Problem, dessen mehrheitlich-solidarische Lösung man getrost ihr überlassen dürfte.

Nachweise

1 Le Bon, Psychologie der Massen, zit. n. S. Freud, Massenpsychologie und Ich-Analyse, Studienausgabe Bd IX, Frankfurt 1974, S. 68

2 A. a. O., S. 69

Nachweise

Auftragsdenken. Vom Verzicht auf Philosophie in der Wissenschaftsethik, in: *Merkur*, Nr. 467, Januar 1988

Geisteswissenschaften und Geist – Kein Bund fürs Leben, in: *Die Zeit*, Nr. 10, 3. März 1989

Falsche Trennung – falsche Verbrüderung. Wie Geistes- und Naturwissenschaften einander zu verfehlen drohen, in: *Die Zeit* 1989

Geniekult, in: *Merkur*, Nr. 472, Juni 1988

Restauration der Teleologie. Robert Spaemanns praktische Philosophie, in: *Merkur*, Nr. 462, August 1987

Moral als Selbstbeschäftigung, in: *Merkur*, Nr. 482, April 1989

Verantwortungsethik – das gute Gewissen des Opportunismus, in: *Frankfurter Rundschau* vom 28.2.1987, Zeit und Bild

Identitätsverlust und Identitätskult, in: *Frankfurter Rundschau* vom 23.1.88, Zeit und Bild

Maß und Maßlosigkeit in: *Frankfurter Rundschau* vom 1.11.1986

Anspruchsdenken, in: *Frankfurter Rundschau* vom 14.1.1989, Zeit und Bild

Auf das Entscheidende kommt es nicht an. Drei Generationen Bundesrepublik, *unveröffentlicht*

Masse und Minderheit, in: *Einspruch* Nr. 11, Oktober 1988

Christoph Türcke

Kassensturz
Zur Lage der Theologie
Fischer Taschenbuch Band 11249

Christoph Türcke nimmt sich in diesem Band die moralische Heuchelei und die geistigen Ungereimtheiten der zeitgenössischen (protestantischen und katholischen) Theologie vor. Er macht Kassensturz, d.h., er mißt die Alltagswirklichkeit an den zeitlosen Ansprüchen und vergleicht die Boten mit der Botschaft: Religionskritik aus Bewußtseins- und Gewissensgründen. In den neun Kapiteln des Bandes deckt Türcke einige der tiefen Risse (und ihre Vertuschungen) im Wort- und Gedankengebäude des christlichen Selbstdarstellungssystems auf.

Sexus und Geist
Philosophie im Geschlechterkampf
Fischer Taschenbuch Band 7416

An entscheidenden Phasen der Geschichte des abendländischen Denkens zeigt Türcke, wie eng die jeweils herrschenden Denkformen mit sexuellen Ideologien verknüpft und von geschlechtsspezifischen Projektionen mitbestimmt waren: z.B. Natur und Stoff als das Weibliche, Form und Geist als das Männliche. Türcke versteckt sich nicht hinter Zitaten,sondern entwickelt eine originelle und fachübergreifende Perspektive auf die Wurzeln unseres Denkens.

Der tolle Mensch
Nietzsche und der Wahnsinn der Vernunft
Fischer Taschenbuch Band 6589

Dieser Essay eröffnet einen völlig neuen Weg ins Zentrum von Nietzsches widerspruchsvollem Denken. Aus einem Schlüsseltext – »Der tolle Mensch« aus »Die fröhliche Wissenschaft« – entfaltet er sukzessive alle großen Motive Nietzsches, deren innerer Zusammenhang plötzlich durchsichtig wird. Der Tod Gottes, der Wille zur Macht, der Übermensch, die ewige Wiederkehr – all dies macht Türcke kenntlich als Stufen radikaler Vernunftkritik und zugleich als Schutzwälle gegen den Wahnsinn, in den die entfesselte Vernunft sich am Ende zu stürzen droht.